GLOSARIO DE TÉRMINOS
DE CRÍTICA LITERARIA FEMINISTA

PROGRAMA INTERDISCIPLINARIO DE ESTUDIOS
DE LA MUJER
PROGRAMA PARA LA FORMACIÓN DE TRADUCTORES

GLOSARIO DE TÉRMINOS DE CRÍTICA LITERARIA FEMINISTA

Cecilia Olivares

EL COLEGIO DE MÉXICO

801.9
0148g

Olivares Mansuy, Cecilia.
    Glosario de términos de crítica literaria feminista / Cecilia Olivares.—
México : El Colegio de México, Programa Interdisciplinario de Estudios
de la Mujer : Programa para la Formación de Traductores, 1997.
    108 p. ; 21 cm.

    ISBN 968-12-0724-6

    1. Crítica literaria feminista. 2. Crítica literaria. 3. Literatura- Mujeres
como autoras. 3. Feminismo y literatura.

Portada de Mónica Diez-Martínez
Composición digitalizada
de una fotografía de
Daniel Correa Rojo

Primera edición 1997

D.R. © El Colegio de México
        Camino al Ajusco 20
        Pedregal de Santa Teresa
        10740 México, D. F.

ISBN 968-12-0724-6

Impreso en México/*Printed in Mexico*

ÍNDICE GENERAL

PRESENTACIÓN

A medida que se desarrolla el pensamiento feminista y la teoría literaria feminista gana espacios en América Latina y en México, en particular, brota la apremiante necesidad de realizar un acercamiento a los textos de las teóricas y las críticas anglosajonas y francesas, que han ampliado el dominio conceptual en estas áreas del conocimiento.

Con el objeto de tender un puente lingüístico entre los términos que revisten estas categorías de análisis y su traducción al español, Cecilia Olivares ha logrado reunir, con éxito, en este *Glosario de términos de crítica literaria feminista* un conjunto de veinticinco términos, que sirven como fundamento a numerosas reflexiones feministas sobre la escritura y la producción textual. Sin embargo, su afán al articular este glosario no se detuvo ante la mera traducción de los términos, sino que consiguió abarcar también la historia de estas categorías analíticas. De manera que el libro se ofrece tanto como un instrumento imprescindible para el trabajo de la crítica literaria, como una ágil historia de muchas de las discusiones teóricas surgidas entre las pensadoras feministas contemporáneas.

Ciertamente, Cecilia Olivares ejerce también una mirada crítica sobre estos debates y da cuenta de los procesos en torno a la renovación y la adaptación de conceptos en la teoría literaria feminista, signados por una voluntad de no estabilización, lo que permite una apertura crítica y problematiza toda prescriptividad. Por ello, confiamos en que este glosario representa una excelente selección de neologismos surgidos en el seno de la teoría literaria feminista y una revisión de las acepciones otorgadas a los términos tomados en préstamo de otras disciplinas, para enriquecer el caudal del pensamiento feminista. Asmismo, sabemos que con sus planteamientos hará una importante contribución a los trabajos de investigación sobre la literatura escrita por las mujeres y dará pie a futuras reflexiones sobre estos términos y los debates que ellos concitan.

Luz Elena Gutiérrez de Velasco

9

INTRODUCCIÓN

> Si lo "personal" es en realidad "político", está ahí no sólo por sí mismo: está ahí por la teoría, de cuya "revisión" es un vehículo.
>
> SHOSHANA FELMAN,
> *What does a woman want?*

Lo personal, lo político y lo teórico constituyen los tres puntos centrales alrededor de los cuales gira y se construye el pensamiento feminista. Los tres ámbitos se entrecruzan y se nutren unos a otros de manera constante, y ello se hace manifiesto en la revisión continua de conceptos, teorías y perspectivas propuestos por las diversas corrientes de la teoría feminista desde sus primeras producciones a fines de la década de los sesenta.

Las discusiones a que han dado lugar las propuestas teóricas, en cuanto al uso de conceptos y en cuanto a las diferentes tomas de posición representadas por diferentes enfoques sobre, en última instancia, la razón de ser del feminismo, así como los trabajos dedicados a escritoras, obras o periodos concretos, constituyen ya una enorme y heterogénea masa de crítica literaria feminista.

La idea de realizar este glosario surgió a partir de la constatación de que, a mediados de los años ochenta, la crítica y la teoría feminista sobre literatura escrita por mujeres se hacía y se publicaba sobre todo en inglés y en francés. En esos años los términos, conceptos y caminos seguidos por esta disciplina eran nuevos para nosotras en el Taller de Narrativa Femenina Mexicana del PIEM-El Colegio de México. El interés y la necesidad de conocer lo que se había hecho y se estaba haciendo en este campo nos condujo a la traducción de algunos textos. Durante este proceso, y en vista de las dificultades para comprender con cierta exactitud lo que tales documentos querían decir, me di cuenta de que faltaban las referencias; ésas que un diccionario de lengua no contiene. La oportunidad de trabajar en el Programa para la Formación de Traductores me permitió comenzar la investigación dirigida a elaborar y hacer una primera versión de este glosario; la beca para investigación del PIEM me permitió darle fin.

Si menciono las estaciones del camino es porque ayudan a explicar el objetivo y el contenido del trabajo.

Un glosario

Mi objetivo no era elaborar un compendio de la crítica literaria feminista, sino intentar una presentación de las problemáticas centrales de esta disciplina. El formato de glosario permite hacer esta presentación en forma de inventario, reunir términos y propuestas que han alcanzado diversos niveles de elaboración o importancia. Permite al lector, por otro lado, acercarse con facilidad al término de su interés. El glosario pretende, además, ofrecer propuestas de traducción para algunos términos o recoge en otros casos las traducciones cuyo uso se ha extendido.

Este último fue, en realidad, el objetivo "motor" de la investigación. Como la traducción sola de un término no dice mucho sobre su uso —sin un contexto es difícil saber a qué se refiere la terminología de una disciplina tan nueva y cambiante como ésta—, el proyecto creció para abarcar la historia de los términos y sus contextos de uso. Salvo en ciertos casos, los términos no tienen una definición precisa, estable, o si la tuvieron en un principio, su uso a través del tiempo y los cuestionamientos en los que se han visto involucrados, les han prestado nuevas cargas de significado. En este caso están los términos "género" y "diferencia". Otros, como "lectura feminista", incluyen diversas modalidades y enfoques, y seguramente no llegarán a estabilizarse nunca. De hecho, muchas críticas —entre ellas Teresa de Lauretis (1986b) y Sandra Harding (1986)— sostienen que la homogenización de la teoría feminista no es deseable, pues ello implicaría renunciar al cuestionamiento, y por lo tanto al crecimiento.

En cuanto al objetivo original, éste definió parcialmente el corpus del que se tomaron los términos: los trabajos de las críticas estadunidenses y francesas.

El reciclamiento de las teorías "dominantes"

Dentro del pensamiento feminista, la discusión sobre la existencia de una esencia femenina llevó a plantearse, entre otras cosas, la pertinencia de la categoría "mujer" como fundamento tanto para la teorización como para la acción. Hoy se habla de "las mujeres" y no de una "mujer" con rasgos universalizables. Sin embargo, la simple pluralización del término no ha solucionado el asunto, así como tampoco lo ha hecho el que se afirme que, además del género, se debe tomar en cuenta en cualquier análisis la clase, la raza, la nacionalidad.

Cuando se trata de demandas concretas se vuelve necesario apelar a la situación de "la mujer", pero las demandas y el peso que se les da puede variar de región en región, de país en país, de momento en momento. Cuando se trata de analizar obras literarias de escritoras, ubicar el lugar desde donde se produjeron también debe llevar a la elección cuidadosa del peso que se dará a ciertas categorías y variables, así como a la creación de renovados instrumentos de análisis.

Este señalamiento viene al caso, porque en el glosario se incluyen pocas menciones a la producción de críticas latinoamericanas. No deseo entrar en la discusión sobre si en América Latina se produce teoría o no —no es el lugar adecuado, aunque sí quiero decir que creo saber que en ciertos campos se encuentra en la vanguardia—, pero en el ámbito de la crítica literaria feminista el desarrollo —por decirlo así— de las estadunidenses y las francesas es fácilmente comprobable. Ello no quiere decir que todo lo que proviene del "primer mundo" sea útil, necesario o incluso rescatable, pero una parte importante sí lo es.

Nelly Richard —crítica chilena de la cultura— habla de cómo "la periferia ha tenido que perfeccionarse en el manejo de una 'cultura de la resignificación', supliendo la falta de un repertorio 'propio' con la agilidad táctica del gesto de 'apropiación': gesto que consiste en la reconversión de lo ajeno a través de una manipulación de códigos que, por un lado, cuestiona lo impuesto al *desviar* su prescriptividad de origen y que, por otro, readecua los préstamos a la funcionalidad local de un nuevo diseño crítico" (Richard, 1989). Creo que su planteamiento, que da el mismo peso al cuestionamiento y a la readecuación, permite aceptar este fenómeno, desideologizándolo, al constatar su presencia.

LÍMITES Y CRITERIOS DE ESTE GLOSARIO

Los significados de los términos presentados en este glosario han sido objeto de redefiniciones (como "género" y "diferencia"), de puntos de partida para reflexiones sobre su pertinencia, implicaciones y las consecuencias de su uso (como "escritura femenina" e "imaginación femenina"), de análisis de instancias hasta entonces consideradas como dadas ("heterosexualidad obligatoria", "matrofobia"). Algunos de ellos son propuestas teóricas tan amplias que han dejado fuera especificidades ("ginocrítica", "angustia ante la autoría"), o se inscriben en sistemas de pensamiento más complejos que sólo pudieron ser esbozados aquí ("lo semiótico" y "hablar-mujer"). Otros no han tenido mucho alcance, como "hipótesis dispersiva", pero se incluyen porque plantean conflictos ineludibles. Faltan muchos más para completar el mapa de la crítica literaria feminista. Sin embargo, espero que esta "re-visión" funcione para las lectoras, los lectores, interesadas/os como un primer acercamiento a la riqueza interpretativa del pensamiento feminista.

Cada entrada consiste en una pequeña historia del término, dos contextos de uso, los equivalentes en inglés y en francés, y una lista de referencias, citadas o no, para aquellas/os que quieran profundizar en el tema. Aparece además, en cursivas, el término al que se hace referencia en la entrada, y en negritas los términos que tienen entrada en el glosario. Los términos marcados con un asterisco son traducciones para las cuales no se encontró un contexto. Las traducciones de los textos, a menos que se indique lo contrario, son mías.

androginia

Virginia Woolf desarrolla en el último capítulo de *Un cuarto propio* (1929) el concepto del escritor andrógino, en el que no domina ni la parte femenina ni la masculina, sino que "están en armonía l[a]s dos, colaborando espiritualmente". Se remonta a la afirmación de Coleridge, "toda gran inteligencia es andrógina", e interpreta esta frase como que "la inteligencia andrógina es resonante y porosa; [...] transmite sin dificultad la emoción; [...] es naturalmente creadora, indivisa e incandescente" (Woolf, 1984: 88). Pero se trata, sobre todo, de una mente creadora que no se ocupa ni piensa en su sexo ("es fatal para el que escribe pensar en su sexo"), no defiende la causa de la mujer ni la del hombre. Para Woolf han sido escritores andróginos aquellos que han logrado transmitir emociones tanto a la mujer como al hombre: Shakespeare, Keats, Sterne, Cowper, Lamb, Coleridge y Proust. (Woolf, 1984: 87-92).

Woolf no menciona a ninguna escritora que haya logrado el "enlace de contrarios" y merecido, entonces, ser considerada "andrógina". La razón es que cuando las mujeres comenzaron a escribir no tenían derecho a la libertad y, así, la ira contra su situación "deformaba" sus escritos; las escritoras contemporáneas (representadas por una imaginaria Mary Carmichael) ya escribían como mujeres que no son conscientes de su sexo, sin embargo, todavía tenían muchos obstáculos que vencer; Woolf suponía que se requerían unos cien años para que estas escritoras lograran "edificar con lo personal y lo efímero el edificio duradero que queda inconmovible" (Woolf, 1984: 82). Por lo tanto, la *androginia* que permitiría a la escritora comunicar "su experiencia con plenitud perfecta" es un ideal que Virginia Woolf recomienda a las mujeres.

En cuanto a la aplicación del concepto a la práctica de la escritura, Rosario Ferré, sin mencionar el término, narra su fallido intento de escribir como quería Woolf que escribieran las mujeres: "Hoy sé por experiencia que [...] de nada vale intentar escribir en un estilo neutro, armonioso, distante[...]. Al escribir sobre sus personajes, un escritor escribe siempre sobre sí mismo, o sobre posibles vertientes de sí

15

mismo, ya que, como a todo ser humano, ninguna virtud o pecado le es ajeno". Ferré está hablando aquí de la imposibilidad de seguir ciertos modelos de escritura, pero independientemente de ello su planteamiento es una muestra de la dificultad que representa el intento de sintetizar el concepto de Virginia Woolf. Al hablar de su ideal de escritura —andrógina— Woolf no exhorta a las escritoras a olvidarse de sí mismas, sino sólo a no mostrarse de manera exagerada y constante; así le aconseja a Mary Carmichael: "Sobre todo, deberás iluminar tu propia alma con sus profundidades y trivialidades y sus vanidades y sus larguezas, y decir el sentido que tu belleza o fealdad tiene para ti, y qué relación tienes con el mundo vertiginoso [...]" (Woolf, 1984: 80).

Para algunas críticas feministas, como Mary Jacobus (1986c) y Toril Moi (1988), el concepto de *androginia* en Woolf busca, mediante "un gesto de armonización", romper la oposición binaria femenino/masculino y plantear una "visión utópica" de una conciencia no dividida, aunque más femenina que masculina —según Elizabeth Abel (1989: 88-89).

Elaine Showalter relaciona la creación del concepto con ciertos aspectos de la biografía de Woolf (los modelos de feminidad y masculinidad que representaron su madre y su padre, sus colapsos nerviosos, la decisión de su marido de no tener hijos, su supuesta "frigidez", su incapacidad para hablar de la sexualidad femenina), y plantea que esta escritora no encontró la liberación, sino que se "refugió" en la *androginia*, "mito que la ayudó a evadir el enfrentamiento con su propia y dolorosa feminidad y le permitió reprimir su rabia y ambición" (Showalter, 1977: 264). Según Showalter, la búsqueda de una voz propia condujo a Woolf a interesarse en las condiciones externas que obstaculizan la escritura de las mujeres: la inexistencia de una tradición femenina, así como de libertad de pensamiento y experiencia. La propuesta de una escritura andrógina habría sido "la extensión psicológica y teórica de la reforma material implicada por el cuarto propio" (en realidad Woolf no se refería sólo al cuarto físico sino a la posibilidad social, inexistente para las mujeres hasta hacía pocos años, de tener el derecho a estar solas, a aislarse, a dedicarse a actividades consideradas masculinas, V. Woolf, 1984: 48). Sin embargo, aduce Showalter, la *androginia* defendía una "negación de los sentimientos y no un dominio sobre éstos" (Showalter, 1977: 285).

El ideal andrógino de Woolf respondería, además, a otro ideal (propio de la clase media y del grupo de Bloomsbury al cual perteneció), según el cual la política y el arte deben mantenerse separados; de ahí el llamado a no dejarse llevar por la ira ni por la defensa de ninguna causa y de buscar la serenidad, la suavidad, la ecuanimidad (Showalter, 1977: 286).

Toril Moi censura a Showalter no haber sabido apreciar la modernidad de la escritura de Woolf; no comprender que Woolf se negaba a aceptar una identidad fija y en cambio propugnaba por "una negación de la dicotomía metafísica [engañosa] entre lo masculino y lo femenino", posición, esta última, de Julia Kristeva quien retomaría de esta manera la propuesta de Virginia Woolf (Moi, 1988: 24-26).

Sobre el concepto utilizado en forma más amplia para analizar la construcción de personajes de escritoras y escritores, Carolyn Heilbrun (1982) concluye que son andróginas las obras de Jane Austen, Emily Brontë, George Eliot, Hardy, Dostoyevsky, Colette. Lo que distinguiría a la novela andrógina, según Heilbrun, es que "en ella el/la lector/a se identifican de igual modo con los personajes masculinos y femeninos" (Heilbrun, 1982: 58).

El concepto, según la misma Carolyn G. Heilbrun, ya utilizado fuera de la crítica literaria, fue muy fructífero para el feminismo durante la década de los sesenta, pues hizo posible cuestionar la veracidad e inmutabilidad de las diferencias sexuales. En los años ochenta cayó en desuso y fue aun rechazado por algunas feministas ya que, al ser adoptado incluso por los medios masivos de comunicación, perdió su carácter político y contestatario (Heilbrun, 1980).

CONTEXTO 1:   Como es sabido, Virginia Woolf es partidaria de la *androginia* en la obra de arte. [...] Es muy posible que este primigenio deseo de conservar la integridad andrógina en su obra literaria obstaculice el impulso feminista que en ella se observa. Quienes nos hemos familiarizado con las polémicas explícitamente feministas, en lo tocante a la literatura de creación, difícilmente podremos sentir simpatía hacia esta actitud de Virginia Woolf, pero, a pesar de todo, su tesis sigue siendo un aspecto importante de su parecer crítico (Barrett, 1981: 29).

CONTEXTO 2:   [...] el concepto de *androginia* de Woolf parecería invalidar el supuesto de Cixous sobre una escritura marcada por el **género**. Sin embargo, la mente "masculino femenina" y la "femenino masculina" se asemejan mucho a la "**bisexualidad**" de Cixous, en la que los dos componentes de la psique se reúnen en una armonía imaginaria (Méndez, 1989: 48).

OBSERVACIONES: Véase bisexualidad, ginandria.

EQUIVALENTES: In. androgyny, androgynous.
Fr. l'androgynie, androgyne.

REFERENCIAS: Woolf, 1984 / Jacobus, 1986c/ Moi, 1988 / Showalter, 1977 / Showalter, 1975 / Barrett, 1981 / Heilbrun, 1982 / Heilbrun, 1980 / Ferré, 1986 / Méndez, 1990.

angustia ante la autoría

Término creado por Sandra M. Gilbert y Susan Gubar (Gilbert y Gubar, 1979) a partir de la noción de Harold Bloom sobre la "angustia de la influencia".[1] Gilbert y Gubar, con el término *angustia ante la autoría*, se refieren a la dificultad de la mujer escritora, sobre todo del siglo XIX, para asumirse como autora y creadora dentro de una tradición literaria que considera la energía, la vitalidad y la fuerza necesarias para el acto creativo y creador como características inherentes al hombre y de las que la mujer carece.

Como estrategias para sobreponerse a la *angustia ante la autoría*, Gilbert y Gubar señalan que las escritoras del siglo XIX, revisaron los géneros masculinos (creando la novela gótica femenina) y los utilizaron para dar cuenta de sus propios sueños e historias, aunque de manera encubierta. Crearon personajes monstruos, locas o brujas, que escenificaron la propia ira de las autoras y sus impulsos subversivos, y les permitieron dramatizar su división interna: su deseo de aceptar y a la vez de rechazar las restricciones de la "sociedad patriarcal". Ejemplos de estos personajes son Bertha Mason de *Jane Eyre* y el monstruo de *Frankenstein* (Gilbert y Gubar, 1979: 59-78).

En comparación con la manera en que se trasmite la tradición masculina, mediante la lucha entre padre e hijo, la *angustia ante la autoría* no llega a las mujeres a través de sus "madres", sino de los "severos 'padres' literarios del patriarcado", convirtiéndose en el "origen de un malestar[...] que se esparce como una mancha a través del estilo y la estructura de gran parte de la literatura escrita por mujeres [...] antes del siglo XX" (Gilbert y Gubar, 1979: 51).

---

[1] "Anxiety of influence": según la teoría de Bloom (*The anxiety of influence: a theory of poetry*, 1973, traducido como *La angustia de las influencias*, Monte Ávila, Caracas, 1977), el poeta al escribir responde —malinterpretándolos— a un poema o a la poesía precedente. La creación debe entenderse, entonces, como una lucha contra sus precursores. Se trata de una especie de conflicto edípico, entre padre e hijo, cuya resolución le permitirá afirmar su autoridad como creador-escritor. En esta teoría no hay espacio para las escritoras mujeres. (Cfr. Kolodny, 1980a.)

Mary Jacobus cuestiona la validez del concepto de *angustia ante la autoría*, en tanto implica la aceptación de la "'falacia' autobiográfica, según la cual la escritura de las mujeres es más cercana a la propia experiencia que la de los hombres y el texto femenino *es* su autora". Para Jacobus el análisis que parte de la *angustia ante la autoría* en las mujeres no puede más que ser "esquematizador", "esencialista" y negar la "diversidad y lo multiforme" de la literatura escrita por mujeres (Jacobus, 1981).

En lo que se refiere a la validez del concepto para el análisis de la literatura escrita por mujeres latinoamericanas, Sara Castro Klaren (Castro, 1985) argumenta que el problema de la autoría no es exclusivo de las mujeres, sino de todos los escritores marginales, es decir, de todos los escritores latinoamericanos. Destaca la situación de los escritores indígenas de la Colonia, que debieron aprender la lengua del conquistador para escribir, además de aclarar el lugar desde el que se apropiaban de la lengua y la escritura, así como validar su propósito de contar la historia que los españoles contaban incompleta. Castro Klaren comienza por cuestionar el concepto de la identidad femenina tal y como ha sido abordado por la crítica estadunidense: "ambos términos [imaginación e identidad femeninas] responden al sentido idealista y tradicional de identidad como algo visible, fijo, constante y siempre igual a sí mismo" (Castro, 1985: 35). A continuación apela a lo que llama "el nuevo feminismo francés", a Julia Kristeva y Luce Irigaray específicamente, para oponerse a la búsqueda de la identidad y proponer que la búsqueda debe ser de "un espacio desde el cual podamos hablar", lo que implica "la subversión de los sistemas masculinos de representación que hemos heredado" (Castro, 1985: 37).

Su crítica al concepto, entonces, se asienta en dos aspectos; el primero se refiere a la afirmación de que la *angustia ante la autoría* caracteriza exclusivamente a la literatura femenina, cuando en realidad los problemas de autor, autoría y autoridad preocupan a todos los escritores marginales (Castro, 1985: 41). De hecho, Castro Klaren no rechaza el concepto totalmente, pero puntualiza —apoyándose en el pensamiento de Foucault— que los escritores de las sociedades coloniales que no pertenecían al grupo dominante sufrieron la misma sujeción y emplearon las mismas estrategias disimuladoras que Gilbert y Gubar describen como femeninas. Las escritoras latinoamericanas se enfrentarían actualmente a un conflicto doble, pues su angustia tendrá como origen su ser mujeres y a la vez mestizas (Castro, 1985: 42-3).

Por otra parte, Gilbert y Gubar afirman, según Castro Klaren, que la "escritura de las mujeres [...] es una búsqueda de la mujer por su propia historia, por su autodefinición" (Castro, 1985: 35) y es uno de los aspectos que las definirían: "uno de los lazos que vinculan a las mujeres en lo que podríamos llamar la sororidad[2] secreta de su sub-cultura literaria [...] una marca crucial de esa subcultura" (Gilbert y Gubar, 1979: 51). Castro Klaren objeta esta caracterización generali-zadora de las escritoras y su literatura (aunque Gilbert y Gubar aclaran que su descripición se refiere a las escritoras del siglo XIX), tanto porque supone una identidad femenina inmutable, como por-que es tautológica: busca la identidad de las mujeres en un espacio que de antemano se ha definido como espacio (actividad, ámbito) en el que las mujeres buscan encontrar su identidad (Castro, 1985: 35).

CONTEXTO 1: Por ejemplo, en una reseña de *The New York Times* sobre *Invented Lives* de Washington, Gates plantea convincente-mente los contornos de una tradición feminista negra. Gobernada no por la angustia de la influencia de Bloom, ni por la respuesta feminista de Gilbert y Gubar, una *angus-tia ante la autoría*, esta tradición, argumenta Gates, revela sus propias características específicas (Smith, 1989: 66).

CONTEXTO 2: Como han demostrado Gilbert y Gubar, la asociación de la pluma y el pincel con el falo en las metáforas de la creativi-dad ha dado como resultado que las mujeres que aspiran a ser escritoras sufran de una *"angustia ante la autoría"*: mane-jar la pluma es un acto masculino que coloca a la mujer escritora en lucha con su cuerpo y su cultura (Friedman, 1989: 73).

SINÓNIMOS: "ansiedad de la autoría", trad. en Moi, 1988: 69.

EQUIVALENTES: In. anxiety of authorship, anxiety about authorship.
Fr. l'angoisse face au fait d'être auteur.*

REFERENCIAS: Gilbert y Gubar, 1979: esp. cap. 2 "Infection in the senten-ce: the woman writer and the anxiety about authorship", pp.45-92 / Gubar, 1981 / Jacobus, 1981 / Mills, 1989 (el cap. 2, de Sue Spaull y Elaine Millard, se titula justamente

---

[2] Neologismo creado a partir de "sóror", "sor", para hablar de una "fraternidad" de o entre mujeres.

"The anxiety about authorship" y está dedicado a analizar dos novelas contemporáneas a partir de la teoría de Gilbert y Gubar) / Abrams, 1988: 210.

Para el análisis crítico del concepto de Gilbert y Gubar, véase Baym, 1987 / Castro, 1985 / Jehlen, 1981: 583-585 / Moi, 1988: 67-79 / Draine, 1989: 149-153.

aracnología(s)

Propuesta de Nancy K. Miller (1986a) para referirse a una lectura de textos escritos por mujeres que privilegiaría al sujeto creador femenino por sobre el objeto producido. Miller parte de la teorización de Barthes, en *El placer del texto*, sobre la desaparición del autor, la predominancia en el análisis del texto sobre el sujeto creador, y su sugerencia de denominar a dicho análisis "hifología" (estudio del tejido).

En respuesta al neologismo de Barthes y a la tendencia a relegar en el análisis (desde el estructuralismo hasta el posmodernismo) al autor y a las condiciones de producción del texto, Miller propone el término *aracnología* —ya existente para denominar el estudio de las arañas— partiendo de la recuperación de Aracné, la mujer que, según el mito recogido por Ovidio, tejía historias y fue castigada por Atenea —después de una competencia en la que se definiría cuál de las dos bordaba los tapices más bellos— al no aceptar conformarse a la visión teocéntrica dominante ni aceptar la superioridad de la diosa.

Miller define *aracnología* como "una toma de posición crítica que busca leer *a contrapelo* de la trama (tejido) de indiferenciación para descubrir en la escritura la encarnación de una subjetividad sexuada (genérica) para recuperar dentro de la representación los emblemas de su propia construcción. [...]. Las aracnologías comprenden, entonces, [...] la interpretación y reapropiación de una historia, como muchas de las historias de la literatura occidental, que desplegaría las estructuras entretejidas del poder, **género** e identidad inherentes a la producción del arte mimético" (Miller, 1986a: 272).

CONTEXTO 1:   Las *aracnologías* son lecturas de la escritura de mujeres centradas en la impronta femenina, atentas a las representaciones de la escritura de mujeres dentro del texto de las escritoras. Así, estas lecturas colocarían en una posición central al sujeto y al **sistema sexo/género** en el cual se lleva a cabo la producción textual: podría decirse que insistirían en no perder de vista las conexiones entre el cuerp[o] genérico y la realidad social de la tejedora y de la tela que produce (Hirsch, 1989: 68-69).

CONTEXTO 2: Concuerdo con Nancy Miller cuando afirma que la **crítica feminista** tiene que oponerse a las tentativas de los deconstruccionistas para borrar las particularidades del sujeto que escribe, efectos de la posición diferencial que ocupa en una sociedad concreta gracias a su **género**, su clase y su nacionalidad. En lugar de ello, Miller aboga por una práctica que denomina "*aracnología*" [...] (Nichols, 1991: 7).

OBSERVACIONES: Véase lectura feminista, sistema de sexo/género.

EQUIVALENTES: In. arachnology, arachnologies.
Fr. arachnologie(s).*

REFERENCIAS: Miller, 1986a / Miller, 1988: 77-101. Para el mito de Aracné; cf., Ovidio, *Metamorfosis*, versión de Rubén Bonifaz Nuño, UNAM, México, 1979, lib. VI, pp. 121-125.

bisexualidad (otra)

El término ha sido propuesto por Hélène Cixous (1976/1991a) —en contraposición a la "bisexualidad" tal y como fue concebida por Freud. Cixous cree firmemente en "la naturaleza inherentemente bisexual de todo ser humano" y en que en las mujeres (y en su escritura) existe una tendencia mayor que en los hombres hacia la bisexualidad (Moi, 1988: 118-120).

Al hablar de una "práctica femenina de la escritura", Cixous afirma que nunca será posible definirla, lo que no significa que no sea pertinente una distinción entre la **escritura femenina** y la masculina. La **escritura femenina** será "concebida únicamente por sujetos que son rompedores de automatismos, por figuras periféricas a las cuales no podrá jamás subyugar ninguna autoridad". Considera que escribir es "precisamente trabajar (en) un espacio intermedio, inspeccionando el proceso de lo mismo y lo otro sin lo cual nada puede vivir [...] no atrapado en secuencias de lucha y expulsión o algún otro tipo de muerte, sino infinitamente dinamizado por un proceso incesante de intercambio desde un sujeto hacia el otro" (Cixous, 1976: 882-3). A partir de esta descripción de una escritura ideal (femenina), propone Cixous una *otra bisexualidad* que se opone a la bisexualidad clásica, "y por lo tanto neutra", "aplastada bajo el emblema del miedo a la castración y vinculada con la fantasía de un ser 'total'", concepción según la cual dos mitades formarían un ser unificado (Cixous, 1976: 884).

"Todo sujeto no encerrado en el falso teatro de la representatividad falocéntrica ha fundado su universo erótico" sobre esta *otra bisexualidad*, que no excluye las diferencias, sino que al contrario las promueve y multiplica.

Preocupada por caracterizar —nunca *definir*— la **escritura femenina** Cixous afirma que las mujeres hoy se benefician de esta "profética *bisexualidad*", y aunque no habla expresamente de una escritura bisexual, sus descripciones de la **escritura femenina** y de la *bisexualidad* son bastante similares, como acota Moi: "Por lo tanto el modo de escribir *bisexual* es muy probablemente un modo de escribir de *muje-*

25

res, aunque excepcionalmente algunos hombres consiguen romper su 'gloriosa unisexualidad' y alcanzar asimismo la *bisexualidad*" (Moi, 1988: 120).

La idea de la bisexualidad fue una de las más firmes convicciones de Freud, y según Mitchell se trata de una concepción que se fue transformando desde sus primeras apariciones en *Tres ensayos para una teoría sexual* (1903) hasta "Algunas lecciones elementales de psicoanálisis" (1938) —pasando por "La feminidad" (1933) en donde asienta: "parte de aquello que los hombres llamamos 'el enigma de la mujer' se deriva, quizá, de esa manifestación de la bisexualidad en la vida femenina" (Freud, 1973a: 3175), para "convertirse, de noción sencilla, de postulado de una especie de unisex infantil, en una noción compleja de las oscilaciones y el desequilibrio del androginismo psíquico de la persona" (Mitchell, 1976: 67).

Mary Jacobus (1986a), al hablar de la importancia del psicoanálisis para explicar "la relación de las mujeres con el discurso y su construcción mediante éste" y a la vez de "la importancia de la crítica feminista en cualquier explicación del discurso psicoanalítico", considera la problemática tesis de la bisexualidad propuesta por Freud en "La feminidad". Cita a Stephen Heath (*The sexual fix*, 1984) quien advierte que la bisexualidad puede funcionar en una u otra dirección: "como el comienzo de una representación alternativa, como insistencia en contra de una sola posición, el orden sexual fijo, hombre y mujer", pero también "como una confirmación de esa rigidez, una estrategia en la cual las diferencias [...] son neutralizadas en el sistema dado de identidad". Jacobus considera que si la teoría psicoanalítica permite esta inversión, se puede rescatar de ella la idea de que "la misma bisexualidad propuesta para las mujeres las convierte, no en entes derivados de los hombres, sino, dentro de toda su complejidad, en un modelo para la sexualidad, en general" (Jacobus, 1986a: 20-21). Esta interpretación de un concepto del psicoanálisis, rechazado por otras feministas como Cixous, le sirve a Jacobus para hacer hincapié en que el término importante en una crítica feminista no es la "mujer" sino la "lectura".

Cixous en cambio vincula *bisexualidad*, y la sexualidad en general, con la producción de la escritura: "escribir es para ella siempre y de alguna manera un acto [libidinal]", concepción que "inaugura un campo totalmente nuevo de investigación feminista sobre las expresiones del deseo en el lenguaje, no sólo en textos escritos por mujeres, sino también en textos escritos por hombres" (Moi, 1988: 135).

Para Cixous y también para Kristeva, la bisexualidad sería un objetivo que las nuevas mujeres deberían tener siempre en mente. Así, dice Kristeva, al hablar sobre las dificultades de la pareja: "A condición de

asegurar su propia bisexualidad, se puede jugar una especie de partida a cuatro en donde la mujer, al mismo tiempo que conserve esta
parte de masculinidad y de autoridad conquistada, acepte a veces el
papel secundario sin vivirlo como un sacrificio [...]" (Kristeva, 1992).
Afirmación ésta que parece aceptar el orden sexual de identidades
masculina y femenina fijas.

Por otro lado, críticas estadunidenses como Carolyn Heilbrun expresan su desconcierto ante la preferencia de este concepto por sobre
el de **androginia**, adjudicando la defensa que de él hacen las francesas a que *bisexualidad* "no sólo conserva las definiciones de masculinidad y femineidad, sino que refuerza su carácter binario, subrayando,
en vez de desvanecer la sagrada 'dicotomía'" (Heilbrun, 1980: 260).

CONTEXTO 1:   Esta *"otra bisexualidad"*, central en la poética de Cixous,
               enfatiza no el equilibrio entre los extremos sexuales sino,
               al contrario, una afirmación e intercambio estridente de las
               polaridades del **género** (Méndez, 1989: 47).

CONTEXTO 2:   La *"nueva bisexualidad"* en particular parece, en el fondo,
               una limitación imaginaria que permite al sujeto desplazar-
               se de posiciones masculinas a posiciones femeninas fácil-
               mente (Moi, 1988: 129).

OBSERVACIONES: Véase "escritura femenina".

EQUIVALENTES: In. bisexuality.
               Fr. bisexualité.

REFERENCIAS: Cixous, 1976 / Moi, 1988 / Mitchell, 1976 / Freud, 1973a
               /Freud, 1989 / Jacobus, 1986a / Kristeva, 1992 / Heilbrun,
               1980.

crítica fálica

Lectura (generalmente de críticos hombres) que distorsiona un texto (generalmente escrito por mujeres), pues parte de un concepto de mujer que responde a los estereotipos seculares.

Mary Ellman titula "*crítica fálica*" al segundo capítulo de su *Thinking about women* (1968), libro en cuyo primer capítulo ha desarrollado su tesis sobre el pensamiento por "analogía sexual": "Comúnmente no sólo los términos sexuales, sino las opiniones sexuales se imponen al mundo externo. Todas las formas se subsumen en nuestros conceptos de temperamento masculino y femenino [...]. El cazador es siempre masculino, la presa femenina [...]" (Ellman, 1968: 8).

Al aplicar este modo de pensamiento a la literatura, Ellman desarrolla el concepto de *crítica fálica*, modalidad de análisis de obras literarias de mujeres, pero también de hombres, en las que los críticos encontrarán siempre alguna falta (es superficial, está escrita por mujeres, habla sobre mujeres o se dirige a las mujeres, es demasiado agresiva, o la escritora misma tiene características personales que se reflejan negativamente en su obra) o cuyas virtudes dependerán siempre de su acomodo a los modelos tradicionales de feminidad (es pudorosa, coqueta, juguetona, encantadora...) o de su similitud con ciertas características consideradas masculinas ("un hombre se sentiría orgulloso de haber escrito tal texto").

Jonathan Culler en un subcapítulo que titula "Leer como una mujer" (Culler, 1982) recoge la definición de Peggy Kamuf sobre lectura o crítica feminista como "una manera de leer textos que apunta hacia las máscaras de la verdad con que el falocentrismo esconde sus ficciones" (Culler, 1982:56) y plantea que la práctica de leer como mujer sería una manera de responder, desplazándola y desviándola —desenmascarándola—, a la *crítica fálica*.

La crítica a la *crítica fálica*, una de las primeras formas adoptadas por la crítica literaria feminista en Estados Unidos, dio paso a análisis más sofisticados —menos viscerales— sobre las concepciones de la mujer y la feminidad en la teoría, tanto en la literaria, como en la filosofía y el psicoanálisis.

CONTEXTO 1:   Inmersas todavía en las instituciones literarias dominantes, algunas críticas como Mary Ellman (*Thinking about women*, 1968) y Margaret Atwood ("Paradoxes and dilemas: the woman as writer", 1975) describen el criterio doble que funciona tanto en la literatura como en la vida, y denuncian la *crítica* y la escritura *"fálicas"* que han provocado la marginación de las mujeres del ámbito literario [...] (Godard, 1985: 171).

CONTEXTO 2:   [...]Culler construye una historia de la **crítica feminista**, clasificándola en tres etapas o momentos. El primer momento, según Culler, apela a una noción de "la experiencia femenina" como fuente de autoridad para las respuestas de las mujeres como lectoras. El segundo momento se ejemplifica con la estrategia de resistencia de Judith Fetterley ante la literatura masculina [...]. En esta etapa la **crítica feminista** es un enjuiciamiento de lo que Mary Ellman [...] llamó *crítica fálica*. En el tercer momento también se condena la *crítica fálica*, pero a diferencia del segundo [...] se pone al descubierto la manera en que "las concepciones sobre lo racional están vinculadas a o son cómplices de los intereses masculinos" (Modleski, 1986: 132).

SINÓNIMOS: crítica androcéntrica, crítica falocentrista o falocéntrica.

OBSERVACIONES: Véase sistema de sexo/género, falogocentrismo.

EQUIVALENCIAS: In. phallic criticism.
               Fr. critique phallique.*

REFERENCIAS: Ellman, 1968 / Culler, 1982: 43-61 / Moi, 1988: 44-53.

crítica (lectura) feminista

El término se utiliza, en general, para referirse a todos los estudios de obras realizados desde una perspectiva feminista, y como tal se opondría a lo que se ha llamado crítica androcéntrica, fálica (v. **crítica fálica**) o a una crítica pretendidamente neutra.

Sin embargo, Elaine Showalter al proponer la **ginocrítica** como la nueva modalidad de estudios literarios sobre la mujer, definió la *crítica o lectura feminista* como un modo de lectura específico y de menor interés que la **ginocrítica**. Según Showalter esta modalidad "es ideológica; se ocupa de la feminista como *lectora*, y ofrece lecturas feministas de los textos que analizan las imágenes y estereotipos de las mujeres presentes en la literatura, las omisiones y las nociones erróneas sobre las mujeres en la crítica, y a la mujer como signo en los sistemas semióticos" (Showalter, 1982: 12).

Lo que Showalter objeta a este tipo de crítica es su falta de "coherencia teórica", su eclecticismo y el que esté construida sobre "modelos existentes". Este "pluralismo" le parece a Showalter que no conduce a una teoría que pudiera estudiar el "proceso y los contextos de la escritura", sobre todo porque tiene como base la "teoría crítica de hombres" es decir, se trata de "un concepto de creatividad, historia literaria o interpretación literaria fundamentado enteramente en la experiencia masculina y presentado como universal". Dedicarse a desmitificar y decodificar, corregir y modificar "e incluso atacar la crítica teórica masculina nos mantiene dependientes de ésta y obstaculiza el camino en el que debemos avanzar para resolver nuestros propios problemas teóricos" (Showalter, 1982: 13).

La **ginocrítica**, en cambio, tendría como punto de partida y como fundamentación para el análisis, la experiencia de las mujeres; se ubicaría asimismo, más allá de la ideología, en contraposición a la *crítica feminista* que es ideológica. Esta última afirmación se basa en el supuesto de que puede existir una *crítica feminista* no ideológica (ya sea que se entienda ideología como falsa conciencia o como discursos sociales), posición que podría llevar a la teoría feminista a un callejón sin salida (v. Golubov, 1993: 29-35; Lauretis, 1987: 10).

30

CONTEXTO 1:   El mayor problema de la *crítica feminista*, según Showalter, es que con base en modelos patriarcales, obsesivamente modifica, humaniza, corrige y revisa la crítica masculina y no contribuye a la solución de los problemas teóricos propiamente feministas porque es teoría basada en la crítica masculina que postula su experiencia de lectura/escritura como universal (Golubov, 1993: 29).

CONTEXTO 2:   Esto lo lleva a concluir: "Sería una lástima que la *crítica feminista*, que ha logrado con tanto éxito identificar el sesgo androcéntrico en contra de las mujeres escritoras y permitido un discurso crítico liberado de tales prejuicios, fuera traicionado por una **ginocrítica** fundada en el separatismo" (Schor, 1986: 96, cita a K.K. Ruthven, *Feminist Literary Studies*, p.128).

OBSERVACIONES: Véase ginocrítica, crítica fálica.

EQUIVALENTES: In. feminist critique, feminist reading.
Fr. critique feministe.*

REFERENCIAS: Showalter, 1982 / Para un análisis crítico de las modalidades propuestas por Showalter, véase Moi, 1988: 85-89 y Carolyn G. Allen en Abel, 1982: 299-303 / Los textos de Annette Kolodny representan para Showalter un ejemplo de "**crítica feminista**": v. Kolodny, 1976 / Kolodny, 1980a / Kolodny, 1980b y *Turning the lens on 'The panther captivity': a feminist exercise in practical criticism*, en Abel, 1982: 159-175, y para un análisis de este análisis v. Modleski, 1986.

diferencia

Una especificidad femenina, asentada para algunas feministas bien en lo biológico o condiciones que proceden de ello, siempre moldeadas por patrones culturales, como la maternidad, bien en la experiencia, bien en las estructuras socioeconómicas y políticas "patriarcales" que han marginado a la mujer de la cultura equiparándola a la naturaleza, bien en el orden simbólico —el orden de la comunicación verbal— respaldado por la ciencia y cultura masculinas que sitúan a la mujer en el lugar del "otro", necesario para el apuntalamiento de la identidad masculina a la vez que opuesto a ésta. En su sentido más amplio y elemental, la *diferencia* es sexual y se funda en una oposición entre hombre y mujer, o lo masculino y lo femenino; cuando se habla de *diferencia*, el objetivo político —también en términos amplios— aceptado por diferentes feminismos es lograr que la *diferencia* entre hombres y mujeres no tenga que implicar inferioridad o subordinación de la mujer (de sus producciones artísticas, su estatus social, su posición ante los sistemas legales, etc.), que exista un equilibrio de poderes entre hombres y mujeres.

Sin embargo, a partir de la introducción de la *diferencia* como categoría de análisis y de lo que se ha llamado feminismo de la *diferencia* —que en realidad son varios feminismos de la/s diferencia/s— se ha comenzado a hablar, además, de diferencias entre las mujeres —de raza, clase, preferencia sexual, edad—, al interior de cada mujer y respecto de la Mujer. Se ha cuestionado la utilidad del concepto de *diferencia* sexual proveniente del psicoanálisis lacaniano —que define lo femenino como falta, a la mujer como incompleta en relación con el "significante trascendental", es decir el falo— porque presupone una "inmutabilidad" que no tiene lugar en una teoría para "la transformación social y cultural" (Butler, 1990a: 329), y como fundamento para la teorización implica seguir pensando dentro de las estructuras de pensamiento masculinas, dentro de un sistema de oposiciones binarias, excluyentes, que es justamente lo que el feminismo quiere hacer desaparecer (Lauretis, 1986b / 1991).

El concepto tal y como proviene de la teoría francesa contemporánea ha sido igualmente cuestionado porque aquí la *diferencia* sexual subsume todo tipo de diferencias —"lo femenino como metáfora principal de la *diferencia*" lo llama Domna Stanton— que se abstraen de tal modo que promueven más bien una indiferencia en donde la mujer es lo marginal, lo incognoscible, compañera de los locos, los homosexuales, los países del tercer mundo (Stanton, 1986; Stefano, 1990; Richard, 1989). Estas teorías, reconocidas como descontruccionistas, postestructuralistas o posmodernistas, que proponen una "fragmentación sociopolítica de las identidades" no pueden definirse como feministas, argumenta por otro lado la historiadora Karen Offen, pues pretender que "la mujer no existe" —como han afirmado Kristeva e Irigaray— significa dejar sin sujeto al proyecto feminista. Por otro lado, el dualismo o binarismo es, podría decirse, inherente al pensamiento humano, y de una u otra manera sus oponentes vuelven a caer en él (Offen, 1990: 14-15). La *diferencia*, con mayúscula, subrayada, adjetivada, pluralizada, enarbolada como bandera o desconstruida, debe ser el concepto más polémico de la teoría feminista de los últimos diez años.

Dentro de la crítica literaria estadunidense el concepto de *diferencia*, *diferencia* sexual o *diferencia* genérica, guarda una relación estrecha con el concepto de **género**, con el que se confunde a menudo, y con el problema de la identidad femenina. Como punto de partida para establecer la importancia del estudio, por separado, de la literatura escrita por mujeres, era necesario defender las diferencias entre hombres y mujeres como una "perspectiva legítima e incluso crucial". Esas diferencias, que en los años sesenta y primeros de la década de los setenta, se habían considerado el "origen de la opresión", comenzaron a verse como "una fuente de enriquecimiento" (Eisenstein y Jardine, 1980: xviii), y como una prueba de que la literatura creada por mujeres, su historia, lectura, análisis y crítica debía realizarse de un modo diferente —era necesario cuestionar tanto el canon literario como las lecturas que los hombres habían hecho de las mujeres, sacar a relucir las "diferencias de punto de vista" (el *difference of view* de Virginia Woolf) de las mujeres y rescatar las condiciones específicas en las que han escrito. Todo ello ha llevado a la búsqueda de una "literatura femenina", de un "lenguaje femenino", bajo la influencia de las "teorías francesas sobre lo femenino" (Stanton, 1986: 159) o en concreto de la concepción de una **escritura femenina** "que proporciona una manera de hablar acerca de la escritura de las mujeres que reafirma el valor de lo femenino e identifica el proyecto teórico de la crítica feminista como el análisis de la *diferencia*" (Showalter, 1982: 16, véase **ginocrítica**). La crítica a esta construcción de una literatura femenina o "femenil" destaca su presuposición de una homogeneidad basada en una "experiencia común a todas las mujeres", que implica que, por un lado, la experiencia es un producto y no un proceso, y por otro que la *diferencia* es sólo una —la que se da entre literatura femenina y masculina— borrando las diferencias "en y entre las mujeres" (Golubov, 1993: 7).

Mientras que la crítica estadunidense parte de una preocupación por la experiencia, la identidad y las relaciones entre mujeres de distintas clases y razas, la crítica francesa —o más exactamente tres de sus representantes más estudiadas, Julia Kristeva, Luce Irigaray y Hélène Cixous, quienes por otra parte niegan ser feministas— se sitúa en el ámbito del lenguaje, de lo simbólico y lo imaginario, lo reprimido y la necesidad de hablar y escribir como mujeres subvirtiendo los sistemas dominantes-falocéntricos (véase **falogocentrismo**).

Para Kristeva, la idea de *diferencia* sexual, el concepto de "mujer", debe conservarse en cuanto las mujeres todavía tienen muchos derechos que conseguir (Kristeva, 1974b: 20). Sin embargo, hay que descartar la noción de una identidad propia de lo femenino, y pensarlo como aquello que permite acercarse al "no ser", a aquello que es imposible decir y que sin embargo existe, pero "fuera de las nomenclaturas y las ideologías", aunque se necesita hacer uso del lenguaje simbólico para describirlo, lenguaje que a su vez será presionado, desarreglado, fracturado por las "pulsiones no conceptualizables" de "lo femenino reprimido" (Jardine, 1981: 10 / Kristeva, 1974b: 21 / Nye, 1987: 680). Al hablar de los sucesivos momentos del movimiento feminista, Kristeva plantea el surgimiento de una nueva actitud del feminismo —paralela o entretejida con las dos anteriores: la de la igualdad entre hombres y mujeres, y la de la *diferencia* que exalta la feminidad— que partiría de la necesidad de dejar de lado la "lucha a muerte" entre los sexos, de que las mujeres se liberen "de su creencia en la Mujer, Su poder, Su escritura, para canalizar esta demanda de *diferencia* hacia cada uno de los elementos del todo femenino, y finalmente hacer emerger la singularidad de cada mujer, y más allá de eso, sus multiplicidades, sus lenguajes plurales[...]", de modo que se considere la lucha, "la implacable *diferencia*" situada en "el lugar en el que opera con la máxima intransigencia... en la identidad personal y sexual" (Kristeva, 1981: 33-35). El espacio para realizar esta nueva actitud tendría que ser el de las "prácticas estéticas", entre ellas la literatura, pues tanto lo poético como lo femenino cumplen, para Kristeva, una función de disidencia, de acto revolucionario (véase **semiótico, lo**).

Luce Irigaray, como Kristeva, niega la existencia de un ser mujer y de un ser hombre: a la pregunta "¿Es usted una mujer?", Irigaray dirá que si contestara que "es evidente que soy una mujer, recaería en el discurso de cierta 'verdad' y de su poder. Y si yo pretendiera que lo que quiero intentar articular, decir o escribir, parte de esa *certeza*: soy una mujer, entonces me encontraría de nuevo dentro del discurso 'falocrático'" (Irigaray, 1977:121). Y, sin embargo, Irigaray habla de un *parler-femme* que se diferencia de un *parler-homme* (véase **hablar-mujer**); pero esta mujer no es la que el discurso falocrático ha descrito, sino justamente la que pretende explorar otro discurso, uno no sujeto a la lógica. Porque el sujeto mujer no puede ser entendido "dentro de los sistemas de representación convencionales de la cultura occidental" ya que ahí representa lo excluido, lo silenciado: ni la negación de lo masculino ni su otro, sino la *diferencia*, que ha sido utilizada para definir la identidad de "hombres" y "mujeres" siempre (desde Platón hasta Lacan) a partir de la "mismidad": el falo masculino. Irigaray ha propuesto, sin embargo, la creación de una "ética de la *diferencia* sexual" que reconociera la "irreductibilidad" de la *diferencia*, a la vez que recupera la admiración de un sexo por el otro.

Como con Kristeva, sucede con Irigaray que sus propuestas prácticas están como dice Spivak, a favor del feminismo y en contra de un sexismo invertido (Spivak, 1981); pero cuando se trata de sus propias prácticas (de escritura) parece casi imposible no caer en la trampa del sexismo o de la *diferencia* sexual como oposición, como intenta demostrar Stanton al analizar las metáforas maternas de estas dos teóricas francesas —y de Cixous— para terminar subrayando "la necesidad de enfrentar el hecho ineludible de que cualquier inscripción de la *diferencia* está (sobre)determinada por el discurso dominante indiferente" (Stanton, 1986:173).

La *diferencia* en el pensamiento de Cixous será tratada en el concepto **escritura femenina**.

Puesto que es difícil pensar en la *diferencia* sin remitirse a una oposición y a una asimetría, y puesto que, a la vez, si se la niega explícitamente tiende a reaparecer de manera velada en las metáforas, cuyo uso, al hablar sobre este tema y los relacionados con él, está bastante extendido entre las críticas feministas tanto estadunidenses y francesas como latinoamericanas, el problema teórico se plantea una y otra vez. Las vías propuestas para enfrentarlo se refieren a la adopción de un modo de pensamiento que rompa con los moldes rígidos que incluso las mismas feministas han utilizado.

Dos teóricas, Teresa de Lauretis, italoestadunidense y Nelly Richard, chilena, ilustran esta nueva tendencia. Sus propuestas tal vez respondan a la que Alice Jardine en su "Preludio" al libro colectivo *The future of difference* (1980) considera *la* pregunta para la que habrá que buscar respuesta, ante la infinidad de enfoques sobre la *diferencia*: "¿Existe una manera de pensar desde fuera de las dicotomías patriarcalmente determinadas, Mismo/Otro, Sujeto/Objeto, que Simone de Beauvoir diagnosticó como el hecho de la cultura hace 30 años y, en el proceso, incluir aún a las mujeres como presencia? En otras palabras, ¿queremos continuar reorganizando la relación entre *diferencia* y mismidad, o existe algún modo de quebrantar las metáforas sobredeterminadas que siguen organizando nuestras percepciones sobre la realidad?" (Eisenstein y Jardine, 1980: xxvi).

Para Teresa de Lauretis, el significado de la *diferencia* sexual, "expresado como una oposición —naturaleza o cultura, biología o socialización—" es tan conservador como la idea de que la anatomía es destino, puesto que "aseverar que la *diferencia* sexual es 'cultural' no permite una mejor comprensión de la subjetividad femenina, ni de las diferencias reales y concretas de las mujeres[...]" (Lauretis, 1986b: 12). Por otra parte, plantea Lauretis, al basarse en este concepto, "el feminismo pierde su potencial epistemológico radical", entendido este último como "la posibilidad [...] de concebir el sujeto social y las relaciones de la subjetividad con la sociabilidad de una manera distinta: [como] un sujeto constituido por el **género**, por supuesto, pero no sólo por la *diferencia* sexual, sino más bien [como] un sujeto generado en su experimentar relaciones de raza, clase y también sexuales; un sujeto, por lo tanto, no unificado, sino múltiple, y no tanto dividido como en contradicción" (Lauretis, 1987: 2). Esta contradicción se refiere no sólo a la de una "identidad fragmentada", sino al sujeto del feminismo siempre en proceso de formación. Este sujeto está tanto adentro como afuera de la "ideología del género", sabe que las relaciones de **género** son imaginarias, que las mujeres son "sujetos históricos gobernadas por relaciones sociales reales", y que entre ellas se halla, inevitablemente, la del **género**. El concepto de *diferencia* sexual constituye, entonces, una limitante para el pensamiento feminista —obscureciendo los procesos de dominación al implicar una "asimetría neutral" (Gordon, 1986: 25)—, y por ello de Lauretis propone ver el **género** como una construcción, ya no como equivalente de *diferencia* sexual, sino como producto de varias tecnologías sociales (Lauretis, 1987; véase **género**).

De Lauretis parte de la relación tácita e implícita entre *diferencia* y **género**, para terminar descartando la primera como categoría fundacional de la teoría feminista, pero sin descartar que esa *diferencia* es una de las tantas que construye nuestra subjetividad.

Nelly Richard —aunque su propuesta coincide en muchos momentos con la de Lauretis— parte de uno de los temas del "discurso posmoderno" y su utilidad para la teoría feminista latinoamericana: el tema del descentramiento y la alteridad. La puesta en crisis de las nociones de totalidad, centralidad y unidad trae consigo la intervención de "identidades y prácticas" anteriormente marginadas. Así, Richard se adscribe al feminismo de la *diferencia* —el caracterizado como "antiesencialista y desconstructivo"— para el cual ésta se definiría "en cuanto significado relacional y posicional de la identidad, que nos indica que la masculinidad y la feminidad son *modos* de construcción subjetiva y estrategias de manipulación crítica de los códigos de identificación y representación simbólicos y culturales" (Richard, 1993: 84). Coincide con de Lauretis en que lo femenino como identidad cambiante debe ser abordado como una "problemática de la subjetividad", aunque su insistencia en que esta nueva perspectiva se centraría ya no en la interioridad femenina sino en la "exterioridad social y cultural" (Richard 1989: 65 / Richard 1993: 84), no reconocería la contradicción a la que alude de Lauretis como central para la formación del sujeto del feminismo, es decir, reconocer que se está a la vez dentro y fuera de la ideología, o de dicho entramado sociocultural.

Pero Richard habla desde su posición como crítica latinoamericana y, por lo tanto, su perspectiva de la/s *diferencia/s* se sitúa en el ámbito concreto de los países latinoamericanos en donde "la subyugación de la mujer" debe estudiarse "en términos de relaciones globales de poder" (Richard, 1993: 88). Advierte contra la estabilización de lo femenino en la literatura o la literatura femenina como manifestaciones de la escritura de las mujeres (cualquier escrito de alguien del sexo femenino). En el contexto latinoamericano, en el que "varias lógicas de dominación se refuerzan y potencian unas a otras", se corre el riesgo de que al defender la identidad femenina (o la latinoamericana) éstas sean absorbidas como simples "manifestaciones de la diversidad" (Richard, 1989: 67). Por ello, las teóricas feministas latinoamericanas deben tener en cuenta que "la doble colonización del sujeto mujer latinoamericana refuerza la urgencia de probar modelos de análisis culturales que potencien lo femenino como interrogante lanzada contra el derecho de las culturas dominantes a falsificar universales" (Richard, 1990: 51-52), incluyendo la noción de la *diferencia* sexual en términos de poder mediante los que se define a la mujer del tercer mundo como siempre desde ya subordinada (Mohanty, 1991: 64).

CONTEXTO 1:   El significado siempre es político. De ahí que privilegiar la *diferencia* genérica sobre la *diferencia* de clase o de etnia tenga implicaciones políticas. Me parece que a diferencia de la crítica feminista esencialista, es necesario evitar la exclusión de estas otras *diferencias* para nutrir y fortalecer la crítica con el análisis de cómo se relacionan todas ellas (Golubov, 1994: 125-126).

CONTEXTO 2:   Podremos abordar así de forma más conveniente los problemas de canon, de juicio, de valor, de autoridad, de poder, de institución, de interpretación y de lectura. Todo ello ajustado al problema central de la *diferencia* sexual y de los constructos culturales que le dan apoyo. Pero insisto en que no debemos pensar en la *diferencia* como una reimplantación de la lógica de las oposiciones binarias (lo femenino definido en oposición a lo masculino), sino como una lectura anatrópica que consiste en ver cómo se inscribe, representa o proyecta esa *diferencia*, así como las formas de desplazar el significado (Zavala, 1993: 40-41).

SINÓNIMOS: diferencia genérica, diferencia sexual, diferencia femenina.

OBSERVACIONES: Véase género, sistema de sexo/género, escritura femenina.

EQUIVALENTES: In. difference, generic difference, sexual difference.
Fr. la différence, la différence féminine, la différence sexuelle.

REFERENCIAS: Dos antologías fundamentales reúnen una serie de puntos de vista sobre el tema, en la literatura *Writing and sexual difference* (Abel, 1982) y en psicoanálisis, literatura y estudios de la cultura *The future of difference* (Eisenstein, 1980). Una antología de ensayos sobre la *diferencia* en distintas disciplinas es *Theoretical Perspectives on Sexual Difference* (Rhode, 1990).
Para una crítica a los "nuevos feminismos franceses", su relación con la teoría de Derrida y su (in)utilidad para los estudios de la mujer del tercer mundo v. Spivak, 1981. Para una crítica al concepto de diferencia (materna) en Cixous, Irigaray y Kristeva v. Stanton, 1986. Para una revisión crítica de "la diferencia" en la obra de Lacan v. Heath, 1978, Butler, 1990a. Para una defensa de lo materno como definitorio de la(s) diferencias(s) v. Hirsch, 1989. Para un análisis de la visión de Virginia Woolf sobre la "diferencia del

punto de vista" de las mujeres escritoras v. Jacobus, 1986c y Stimpson, 1989.

Literatura en español: para una visión del concepto derridiano de diferencia en Luce Irigaray v. Cámara, 1992. Para un cuestionamiento de la diferencia lacaniana y el feminismo de la diferencia v. Dio-Bleichmer, 1992. Para una revisión de las diferencias desde la teoría psicoanalítica v. Lamas y Saal, 1991. Para un estudio de las diferencias en la literatura de novelistas latinoamericanas v. López, 1985. Para dos enfoques literarios distintos (masculino y femenino) de un mismo tema v. Domenella, 1991. Para el análisis de "lo femenino" en las obras de escritoras españolas contemporáneas v. Nichols, 1992. Para el análisis de "el silencio y la imaginación" como metáforas de la diferencia de escritoras chilenas, v. Agosín, 1986. Para textos teóricos y análisis de las especificidades de escritoras latinoamericanas v. Berenguer, 1990. Para un análisis de las expresiones de la diferencia en los discursos de feministas y escritoras latinoamericanas v. Guerra, 1994b.

doble vínculo

Término procedente de la antipsiquiatría creado por Gregory Bateson en 1956 ("Toward a theory of schizophrenia"). La teoría del *doble vínculo* explicaba los orígenes de la esquizofrenia situándolos en una familia patológica en la que el individuo recibe dos tipos opuestos de mensajes y órdenes, por lo que "tiende a marginarse de la interacción social y pierde la confianza en la fidelidad de sus percepciones sobre las demás personas" (Sedgwick, 1975: 26).

Suzanne Juhasz (en *Naked and fiery forms. Modern American poetry by women: a new tradition*, 1976) retoma el término para describir la situación de la mujer poeta cuya "vida" está separada del "arte" (Sparks, 1989: 54). Gilbert y Gubar, por su parte, explican que la poesía lírica, a diferencia de la novela, presupone un "yo" fuerte y afirmativo, un ser cuyo centro está definido con fuertes trazos, no importa que sea real o imaginario; sin embargo, a esa misma poetisa se le exigirá que actúe en su vida cotidiana como un ser pasivo, que debe borrar sus propios intereses y deseos (Gilbert y Gubar, 1979: 548).

Es decir, para crear —sobre todo poesía— la mujer debe "adoptar la libertad del sujeto", y ello supone adoptar un rol activo que tanto la sociedad como la poesía (sobre todo romántica) escrita por hombres tradicionalmente le han negado; la premisa a la que se alude con el concepto del *doble vínculo* es que si es una "mujer" fracasará como "poeta", y si es "poeta" fracasará como "mujer" (Sparks, 1989: 54).

Susan Kirkpatrick estudia una de las formas en que actúa este *doble vínculo* en la escritora española Cecilia Böhl, quien firmó sus novelas con el seudónimo de Fernán Caballero, en la segunda mitad del siglo XIX. Por un lado, la escritora consideraba que "la pluma como la espada se hizo para la fuerte mano del hombre", y no quiso jamás aceptar abiertamente su identidad de escritora; por el otro atacó virulentamente al liberalismo en sus obras, demostrando que no era la mujer subordinada y confinada al hogar que defendería en sus propias novelas. Dice Kirkpatrick: "para negar el haber transgredido las fronteras de su **género**, se dividió en dos" (Kirkpatrick, 1989: 247).

El término se aplica no sólo a autoras "reales", sino que, tambié. se ha utilizado para referirse a los personajes femeninos de una obra literaria, al analizar su situación ficticia.

CONTEXTO 1: [...] la pose adoptada por Dickinson no fue un accidente causado por su autorrealización poética sino parte esencial de ésta, específicamente porque [...] el drama en verso en el que transformó su vida le permitió trascender los que Suzanne Juhasz ha llamado el *"doble vínculo"* de la mujer poeta: por un lado, la imposibilidad de autoafirmación de una mujer, por el otro, la necesidad de autoafirmación de una poeta (Gilbert y Gubar, 1979: 584).

CONTEXTO 2: Se puede postular asimismo que el *doble vínculo* que subyace a la estructura del *Bildungsroman*, derivado de las fuerzas opuestas del deseo de autenticidad de una joven y el deseo de su sociedad de que sea femenina, también "imita" el tipo de "desdoblamiento" de la personalidad definido clínicamente como "esquizofrénico" (Pratt, 1981: 34-35).

OBSERVACIONES: Véase angustia ante la autoría.

SINÓNIMOS: atadura doble, traducción de "double-bind" en Kirkpatrick, 1991: 229.

EQUIVALENTES: In. double bind.
Fr. double contrainte.*

REFERENCIAS: Sparks, 1989 / Gilbert y Gubar, 1979 / Kirkpatrick, 1989: 244-255 / Kirkpatrick, 1991: 227-237.

escritura femenina

Término utilizado por Hélène Cixous para referirse a un modo de escribir que "afirma la **diferencia**", una "aventura, una exploración de los poderes de la mujer". Un "cuerpo textual femenino" se reconoce porque "no cierra, no se detiene".

No todos los textos escritos por mujeres son escritura femenina, así como algunos textos escritos por hombres sí lo son, es decir, se puede encontrar feminidad en los textos de ambos, pues, no es el "sexo socialmente determinado" (Cixous, 1991a: 81) del autor lo que en última instancia define la forma en que escribe. Sin embargo, es la mujer —y aquí se ubica para Cixous la **diferencia** sexual— quien hoy en día se halla más cerca de una economía pulsional o libidinal femenina: economía que no teme a la carencia, que da sin esperar utilidad(es), que se niega a internalizar las leyes y las dicotomías y tiene la capacidad de incorporar al Otro. Dicha economía femenina se traduce en una escritura que no puede definirse, ni teorizarse: en "Sorties" (1975), "Le rire de la Méduse" (1975) y "La Venue à l'écriture" (1977) Cixous habla de las restricciones que la cultura ha impuesto a la mujer impidiéndole sentirse con derecho a escribir, a la vez que hace un llamado a las mujeres a descreer de todos los mitos que las han mantenido alejadas del placer, de su cuerpo, de la escritura.

Más tarde, la obra de la escritora brasileña Clarice Lispector encarnará para Cixous la *escritura femenina* que en sus textos anteriores a 1979 podía ejemplificar sobre todo con textos de Jean Genet: "Clarice nombra a través del amor. Dicta la ley del amor, pero no cae en una indiferenciación caótica. Distingue, ve las diferencias, no pasa por alto la necesidad de regular. La suya no es una ley que reprima las diferencias, sino una que formaliza, que da forma. Nombrar es uno de los miles de gestos que se pueden hacer hacia el otro. Es como acariciar, mirar, llamar en silencio" (Cixous, 1990: 12).

Para caracterizar la *escritura femenina* Cixous recurrió, en un principio, a una serie de metáforas que vinculaban a la mujer y a su escritura, con la voz arcaica de la madre anterior a las leyes, con el acto de dar a luz, con la inscripción del cuerpo en el texto. Aunque también hablaba ya de una economía femenina que iría más allá de la "oposición sexual", del "falocentrismo", del temor a la castración, a la carencia, la crítica se centró en las metáforas que apuntaban hacia una posición esencialista en Cixous. Para M. Shiach, Cixous habría intentado adelantarse a la calificación de esencialista, mediante un movimiento estratégico al situar la **diferencia** sexual en el plano del goce sexual, de la *jousissance*, de este modo "descarta cualquier posibilidad de identificar la feminidad y la masculinidad con las certezas de la **diferencia** anatómica. Ello coloca, además, la **diferencia** sexual en el ámbito de lo incognoscible..." (Shiach, 1991: 18). Por otro lado, Cixous insiste en que "No debemos equivocarnos: hombres y mujeres se encuentran atrapados en una maraña de determinaciones culturales de siglos cuya complejidad los hace casi imposibles de analizar. No se puede hablar ni de la 'mujer' ni del hombre sin quedar atrapado en un teatro ideológico en donde la proliferación de representaciones, imágenes, reflexiones, mitos, identificaciones, transforman, deforman, cambian constantemente el Imaginario de todos e invalidan de por sí cualquier conceptualización" (Cixous, 1991a: 83).

En sus textos posteriores de crítica literaria, Cixous deja de hablar de una *escritura femenina* y se refiere más bien a una economía libidinal "alternativa" o "femenina" o "así llamada femenina", desarrollando con mayor profundidad sus implicaciones en los textos literarios de Clarice Lispector.

La *escritura femenina* de Cixous ha sido asimilada, por algunas críticas estadunidenses, al **hablar-mujer** de Irigaray, y a veces a la "escritura lesbiana" de Monique Wittig e incluso a las propuestas de Kristeva (Crowder, 1984 / Jones, 1981), quien se ha referido con desaprobación a la "etiqueta feminista" detrás de la que escriben Cixous e Irigaray (Kristeva, 1981: 32). Wittig y Kristeva, en realidad, consideran que el concepto de *escritura femenina* con su énfasis en el cuerpo de la mujer y sus metáforas no son la vía para la liberación.

El concepto de Cixous parece partir de una contradicción irresoluble: por un lado proclama que debe descartarse la oposición sexual, por otro, y a la vez, afirma que *las mujeres* son quienes están más capacitadas para realizar este proyecto de una *escritura femenina*, cuya realización traería consigo cambios en el inconsciente, en las relaciones, en la vida social y política. Tal vez la explicación para esta aparente contradicción se encuentre en la pertenencia de Cixous como pensadora a la teoría francesa contemporánea y a su tendencia a conceptualizar "lo femenino" como lo no cognoscible, lo reprimido de la cultura dominante y masculina. Así, lo femenino no se refiere necesariamente a las mujeres "reales", sino a espacios, procesos, modos de producir que cuestionan "los aparatos conceptuales heredados del siglo XIX" (Jardine, 1985: 24).

CONTEXTO 1:   [...] la *"escritura femenina"* debe ser una inscripción en el lenguaje del cuerpo femenino en toda su **diferencia** mediante la liberación del inconsciente femenino reprimido. [...] La voz desempeña un papel importante en la *"escritura femenina"*. Cixous equipara lo vocal con el inconsciente y lo físico [...] (Crowder, 1984: 141).

CONTEXTO 2:   Y sin embargo, en su demanda de que las mujeres escriban el cuerpo, de que sólo la erupción del goce femenino puede instaurar una revolución en el discurso y desafiar la Ley del Padre, la *escritura femenina* parece —aun cuando sea metafóricamente— acercarse no tanto a un **esencialismo** (como a menudo se le acusa de hacer) sino a las condiciones que harían posible la representación (Jacobus, 1986a: 109).

SINÓNIMOS: Es. escritura del cuerpo.
               In. writing the body.

OBSERVACIONES: Véase hablar-mujer, diferencia.

EQUIVALENCIAS: In. women's writing, woman's writing, *écriture féminine*.
                   Fr. écriture féminine.

REFERENCIAS: Stanton, 1980 / Jones, 1981 / Crowder, 1984 / Allen, 1987 / Moi, 1988: 112-135.
    Dos estudios de la obra de Hélène Cixous que tratan su concepto de *escritura femenina* a profundidad son Shiach, 1991 y Andermatt, 1992. Una antología crítica de sus textos es *The Hélène Cixous Reader*, 1994. Para una crítica de la metáfora materna en Cixous v. Stanton, 1986; para un panorama de la crítica feminista en donde se considera la *escritura femenina* como "prescriptiva", v. Gilbert y Gubar, 1989. Para el análisis del sujeto femenino en el concepto de *escritura femenina*, v. Smith, 1988.

esencialismo

Discurso feminista que presupone o defiende una esencia común a las mujeres, perceptible en su psique, su fisiología, sus actos, sus producciones. Una posición que asentaría la existencia de una naturaleza femenina diferente/opuesta a una naturaleza masculina.

En términos prácticos, dice Naomi Schor, ser esencialista, en el contexto del feminismo implica que "en vez de mantener cuidadosamente separados los polos de sexo y **género** se subsume lo femenino en el ser mujer, [implica que] el cuerpo, es decir el cuerpo de la mujer, es, sigue siendo, aunque sea de manera problemática y compleja, el fundamento del feminismo" (Schor, 1989: 40).

El debate sobre el *esencialismo*, desde posiciones antiesencialistas, se ha convertido en los últimos años en el centro de las discusiones de la crítica feminista; llevadas a sus extremos las posiciones antiesencialistas desacreditan sin mayor análisis, diferentes teorías y posturas. Mary Russo advierte: "Los peligros del *esencialismo* al colocar al cuerpo, ya sea en relación con la representación o en relación con la 'historia de las mujeres', han sido bien delineados, tan bien delineados, de hecho, que 'el antiesencialismo' bien puede ser la mayor inhibición para trabajar en teoría y política cultural en este momento, y debe ser desplazado" (Russo, 1986: 228 n. 17).

Como Diana Fuss (v. **lectura feminista**), otras críticas han hablado de la necesidad de "tomarse en serio el riesgo del *esencialismo*", como una cuestión de política feminista. De Lauretis señala que existe una diferencia esencial en el centro de toda la teoría feminista, y es lo que distingue a un pensamiento feminista de uno que no lo es (Lauretis, 1989). Gayatri Spivak, por su parte, ha propuesto el *esencialismo* como un concepto estratégico, y más tarde como una postura que debe ser criticada reconociendo que significa un peligro, pero que a la vez resulta muy útil (Spivak, 1989).

Las discrepancias más comunes con las posturas esencialistas, que se adoptaron acríticamente entre las primeras críticas feministas para intentar demostrar la existencia de una literatura, lenguaje e imaginación femeninos, señalan que la literatura "no es cuestión de sexo, ni siquiera de temas o lenguaje [...] la especificidad consiste en un modo particular de apropiación y transformación de la realidad" (Sefchovich, 1985 I:15) o "que hablar de literatura femenina implica trabajar en un campo simbólico que no conserva sino lejanos nexos con la realidad social de la emancipación femenina" (Bradu, 1987: 9). Afirmación, esta última, que pareciera proponer una esencia literaria inmutable.

La crítica feminista que cuestiona el *esencialismo* rechaza la existencia de una naturaleza femenina y también la subordinación de la mujer como definitoria de su relación con la literatura. En este sentido, Judith Newton plantea que la "tendencia de la **crítica feminista** hacia un *esencialismo* trágico con respecto a la dominación masculina forma parte de una tendencia más amplia en la teoría y la política feminista [que] ha contribuido en ciertos momentos a evadir el análisis para privilegiar las relaciones de dominación". Su crítica se dirige a la esencialización de las relaciones y la ideología de **género**. Deben analizarse éstas en su devenir histórico, en sus desplazamientos de sentido, de modo que la mujer y su subordinación dejen de ser vistas como monolíticas (Newton, 1987: 125).

CONTEXTO 1:   La oposición entre el *esencialismo*, que sostiene la existencia de una identidad común a toda la literatura escrita por mujeres, y la noción de **diferencia**, que sostiene que toda **diferencia** es construida, es una oposición binaria que hay que debilitar para que la teoría literaria feminista prosiga con su labor crítica (Golubov, 1994: 117).

CONTEXTO 2:   Gayatri Spivak ha argumentado que las feministas necesitan apoyarse en un *esencialismo* operativo, una falsa ontología de las mujeres como un universal para poder llevar adelante un programa político feminista. Acepta que la categoría de mujeres no es completamente expresiva, que la multiplicidad y discontinuidad del significante se rebela contra la univocidad del signo, pero sugiere que necesitamos usarla con propósitos estratégicos (Butler, 1990a: 325).

OBSERVACIONES: Véase diferencia, género, lectura feminista, escritura femenina.

EQUIVALENTES: In. essentialism.
                 Fr. essentialisme.

REFERENCIAS: Schor, 1989/ Russo, 1986/ Fuss, 1989/ de Lauretis 1989/ Spivak, 1989/ Sefchovich, 1985/ Bradu, 1987/ Newton, 1987.

Para una discusión sobre la categoría "mujer" en el feminismo v. Butler, 1990a, 1990b. Para un análisis de "la mujer" en Derrida, v. Scholes, 1989. Para una propuesta de definición de "identidad femenina", v. Riquer, 1992. Para una propuesta de un "esencialismo estratégico" en la crítica literaria feminista, v. Golubov, 1994. Para una primera crítica a las implicaciones del esencialismo, por parte de escritoras y críticas mexicanas, v. Morales, 1992, por parte de una crítica venezolana, v. Russotto, 1993, pp. 45-61.

falogocentrismo

Término creado por Jacques Derrida en su ensayo "Le facteur de la verité" (Derrida, 1975), análisis crítico de Lacan, mediante la fusión de los términos falocentrismo y logocentrismo. Falocentrismo es un término utilizado por Lacan (en realidad en su forma adjetiva, como en "dialéctica falocéntrica" [Lacan, 1988b: 711]), pero sobre todo por algunas/os críticas/os de su teoría que conceden al falo la posición de "significante del deseo". El falo es, para Lacan, el elemento primordial en la construcción de las relaciones entre hombres y mujeres, y de la relación de ambos con el lenguaje, estructurado por la ley paterna (Lacan, 1988a y b).

El falo, no equiparable al pene, del cual es, sin embargo, el símbolo, es visible y su presencia se contrapone a la carencia de él en la mujer, lo que se percibe y denomina castración. Sin embargo, paradójicamente, el falo, al ser significante del deseo, es significante de la falta: de la imposibilidad de la integración de hombre y mujer, de la imposibilidad de recuperar la unidad madre/infante. "El hombre y la mujer no están juntos en una relación sexual, sino separados en su relación con el goce fálico: el hombre considera que la mujer es el falo, da lo que no tiene, niega la castración; la mujer considera que el hombre tiene el falo, desea ser el falo para él, desea su castración" (Heath, 1978: 67). Mediante esta paradoja es que el orden Simbólico —del lenguaje— crea la estructura cultural en la que estamos inevitablemente inmersos (Butler, 1990a: 43-45).

El logocentrismo "es el rasgo característico de las teorías idealistas del lenguaje y la literatura propias de la cultura occidental desde la filosofía clásica. Uno de sus presupuestos es la oposición de materia y signo. En efecto, el logocentrismo separa al lenguaje de lo real para convertirlo en su pantalla, en una entidad ideal que da a conocer, reflejándolo, un exterior. Ignorando el carácter mediador del simbolismo, la hipótesis logocéntrica afirma la autonomía del lenguaje y, por extensión, la del sujeto hablante. Es así como éste vive la ilusión de hallarse en el origen de su discurso, de ser la causa de su palabra" (Picado, 1991: n. 5, p. 157).

En su ensayo, Derrida, al analizar la afirmación de Lacan de que "El falo es el significante privilegiado de esa marca en la que la parte del *logos* se une al advenimiento del deseo", deriva la afirmación de que el lugar privilegiado de ese significante privilegiado es la voz. "De ahí la complicidad estructural entre [...] la verdad y el fonocentrismo, el falocentrismo y el logocentrismo" (Derrida, 1975: 132; Lacan, 1988a: 672). Para Derrida la centralidad de la "presencia" y el "fonocentrismo" asumidos por el pensamiento occidental desde siempre es indicadora de "la necesidad de buscar y alcanzar un significado definitivo trascendental (toda vez que el *logos* es un significado puro que no necesita del cuerpo y en el que el concepto de verdad y de sentido están ya constituidos antes del signo); [de] la irreprimible compulsión de reducir lo otro a lo propio, a lo próximo, a lo familiar, de reducir la diferencia a la identidad[...]" (Peretti, 1989: 31).

Aunque se podría decir que el falocentrismo se funda en la visión, en algo que se ve (Heath, 1978: 55), o que no se ve (Butler, 1990b), el hecho es que tanto el falo como el logocentrismo se fundamentan en "la presencia", es decir, en algo dado que no se considera construido ni susceptible de ser desconstruido; por eso, para Lacan, el *falogocentrismo*, dice Derrida "es una cosa. Y lo que llamamos hombre y lo que llamamos mujer no pueden librarse de ello". El *falogocentrismo* se transforma en androcentrismo y da como resultado el que la mujer sea considerada el "Otro absoluto" (Derrida, 1975: 133 / Lacan, 1988b: 711).

El término, retomado por las feministas, primero por las francesas, ha venido a significar *todo* lo que de represivo y opresivo tiene la cultura (entendida en su sentido más amplio) tradicional (entendida en su sentido más tradicional) o patriarcal (término que a falta de otro mejor se utiliza con muchísima amplitud).

CONTEXTO 1:   El primer *centrismo* implica la prescripción psicoanalítica según la cual el falo es la marca del deseo y de la **diferencia** sexual.[...] La intención de Cixous en "Le sexe ou la tête?" es renegar de la conceptualización lacaniana de la mujer como un doble vacío [...] y buscar una feminidad fuera del "viejo aparato" del falocentrismo. Como pilares de un Simbólico masculino, tanto el signo como el falo son erecciones conceptuales que unidas edifican la noción de un Significante Privilegiado. La adaptación que hace Cixous del *falogocentrismo* derridiano hace virtualmente transparentes las implicaciones mutuas de los términos *logos* y *falo*. Sólo la abstracción del signo lingüístico puede permitir la 'concepción' de una letra o un significante absolutos, identificados con el falo en el psicoanálisis lacaniano. El segundo *centrismo* [...] es, entonces, el dominio del *Logos* como Palabra, Presencia absoluta, principio de origen e instrumento para gobernar el mundo (Méndez, 1989: 38).

CONTEXTO 2:   Los nuevos planteamientos feministas proponen que la mujer creadora se salga de las imágenes encuadradas por la cultura *falogocéntrica* y realice la representación desde los bordes e intersticios de dicho cuadro. De esta manera se produciría un proceso de constante renegociación [...] (Guerra, 1994: 188).

EQUIVALENTES: In. phallogocentrism, phallogocentric.
Fr. phallogocentrisme, phallogocentrique.

REFERENCIAS: Derrida, 1975 / Derrida, 1981 / Peretti, 1990 / Marks, 1978 / Heath, 1978 / Butler, 1990b / Duby, 1992: 260-262 / Spivak, 1994.

género

Construcción social, cultural e histórica que asigna ciertas características llamadas femeninas y masculinas con base en el sexo biológico. Al considerar la feminidad y la masculinidad como identidades impuestas, y no naturales ni necesariamente ligadas a las características anatómicas, el *género* permitiría estudiar las desigualdades entre mujeres y hombres, es decir, los significados últimos de la subordinación de la mujer y del carácter menor adscrito, en la mayoría de las sociedades, a sus actividades de producción y reproducción. En cuanto a su uso generalizado en los estudios de la mujer, dice Joan Scott: "El término *género* forma parte de una tentativa de las feministas contemporáneas para reivindicar un territorio definidor específico, de insistir en la insuficiencia de los cuerpos teóricos existentes para explicar la persistente desigualdad entre mujeres y hombres" (Scott, 1990: 43).

En cuanto al origen del uso del término con este sentido, Marta Lamas señala que según H.A. Katchadourian ("La terminología del *género* y del sexo", en *La sexualidad humana: un estudio comparativo de su evolución*, FCE, 1983) John Money fue el primero en utilizar el término "rol genérico" (*gender role*) y Robert Stoller "el primero en usar formalmente la expresión 'identidad genérica' (*gender identity*)" en su libro *Sex and gender: on the development of masculinity and feminity* de 1968 (Lamas, 1986: ns.24, 25, 187).

Stoller define *género* como "ciertos aspectos esenciales de la conducta —a saber, los afectos, los pensamientos y la fantasía— que aun hallándose ligados al sexo, no dependen de factores biológicos". Su objetivo era demostrar que "no existe una dependencia biunívoca e ineluctable entre ambas dimensiones (el sexo y el *género*)" (Millet, 1975: 39).

Las antropólogas y las historiadoras feministas estadunidenses fueron las primeras en utilizar el concepto, en los primeros años de la década de los setenta (Lamas, 1986 / Lamphere, 1991 / Scott, 1990); de ahí se extendió a otras disciplinas como la teoría y crítica literarias.

En la crítica literaria feminista el término comenzó a utilizarse en los años ochenta (Showalter, 1989b: 2), como fundamento para la idea de que tanto la literatura escrita por mujeres como sus interpretaciones se encontraban inevitablemente marcadas por la pertenencia de la autora al sexo femenino. Aunque volver al sexo para definir un *corpus* literario, puede resultar contradictorio con la misma definición de *género*, la intención era justamente validar un *corpus* y subrayar que independientemente de su valor artístico, la literatura escrita por mujeres había sido menospreciada, silenciada o pasada por alto, y excluida del canon, por el hecho primordial de que sus autoras eran mujeres. Al mismo tiempo el *género* se introducía como una categoría relacional: es decir, tanto las mujeres como los hombres han sido definidos en función del otro, "todos los sujetos tienen un *género* y todo discurso literario está genéricamente determinado" (Showalter, 1989b: 5). A pesar de que esta afirmación es aceptada ampliamente, cuando se habla de *género* generalmente se está haciendo alusión al *género* femenino (v. Lamas, 1994). Por ello, su utilización como categoría para el análisis ha implicado el intento de describir y caracterizar un lenguaje femenino, la literatura femenina o feminista, y la **lectura** femenina, de mujer o **feminista**.

El concepto presenta problemas similares a los de **diferencia**, comenzando porque a veces se usan *género* y **diferencia** sexual para referirse a lo mismo. Aunque Elaine Showalter argumenta que la utilización de *género* presupone, en las críticas feministas marxistas, un marco social, político e ideológico que moldea el *género*; mientras que la **diferencia** sexual se concibe como determinada por lo psíquico y el lenguaje. No obstante, para otras críticas el "lenguaje y la identidad psicosexual [el *género*] están profundamente interconectados" (Berg, 1989: xix).

La dificultad para introducir la categoría de *género* en la crítica literaria —"el *género* no es un aspecto reconocido de la literatura" argumenta, por ejemplo, Messer-Davidow (1989)—, reside en que no basta con afirmar que la literatura está marcada por el género, es decir que las mujeres escriben como mujeres porque son mujeres (v. Scott, 1990: 41), sino que habría que buscar la manera de articular todos estos elementos, lo social, lo político, lo ideológico, la identidad psicosexual y el lenguaje, en su relación con la literatura como práctica discursiva que hace uso de estrategias específicas, pero también con la literatura como institución actual y a lo largo de la historia. Considerar todas estas variables, partiendo del *género* como una noción no estable, ni fija, pero activa y actuante, es decir, como "producto y como proceso de la representación y de la autorepresentación" (Lauretis, 1987) que son modificados por la escritura, por los textos literarios y los críticos, es una tarea de la crítica literaria feminista.

En cuanto al uso del término en español, tomado y traducido del inglés "gender" se ha argumentado que en las lenguas romances no corresponde con la acepción de "clasificación según el sexo" del término inglés (Lauretis, 1991 / Kaminsky, 1993). Por eso, dice Kaminsky, entre las feministas latinoamericanas, sobre todo las críticas literarias —para quienes el *género* tiene valor gramatical o literario— el término no ha sido aceptado del todo (Kaminsky, 1993:4). Sin embargo, aunque el sustantivo "gender" sólo tiene la acepción gramatical mencionada arriba, en español una de sus acepciones es la misma: "Accidente gramatical que sirve para indicar el sexo de las personas o de los animales y el que se atribuye a las cosas" (Casares, 1959: 418). Por otro lado, se trata simplemente de un término de la teoría feminista cuyo significado —y resignificaciones— no corresponde tampoco al uso original del inglés. Su uso se ha generalizado en la crítica literaria feminista, aunque a veces por razones de claridad se habla de *género* sexual (véase Zavala, 1993) y para adjetivar se utiliza genérico-sexual (véase Richard, 1993) o génerico sexuado (Zavala, 1993).

CONTEXTO 1: En la crítica literaria feminista, el *género*, como elaboración histórica y cultural de las diferencias sexuales, se propone como un factor de desigualdad que, al articularse con otros factores, determina y caracteriza una especificidad femenina en los textos escritos por mujeres (López, 1991: 3).

CONTEXTO 2: Si la literatura reproduce las fuerzas que la producen es posible que el *género* femenino o masculino se revele en el lenguaje. La teoría literaria, en su acepción más práctica, podría, por tanto, develar la ideología sexual de los textos literarios (Jofré, 1990: 57).

SINÓNIMOS: género sexual.

OBSERVACIONES: Véase diferencia, sistema de sexo/género.

EQUIVALENTES: In. gender.
Fr. genre.

REFERENCIAS: Para el concepto en la antropología feminista v. Lamas, 1986 / Lamphere, 1991.

Para nuevas perspectivas del *género* v. Lamas, 1993 y 1994/Scott, 1990.

Tres antologías cuyos ensayos parten de la problematización del concepto *género* en el análisis literario, v. Showalter, 1989a / Miller, 1986b / Berg, 1989.

Para una propuesta del *género* como una tecnología que subsume su misma reproducción, v. Lauretis, 1987.

Para una presentación de las "relaciones de *género*" como el concepto más importante de la crítica feminista posmodernista, v. Flax, 1987.

ginandria

Término propuesto por Sandra Gilbert y Susan Gubar (1979) para referirse a "una especie de identidad bisexual primaria dominada por lo femenino" (Kavanagh, 1985: 14).

Gilbert y Gubar proponen el término en su análisis de *Cumbres Borrascosas*, en particular al referirse al personaje de Catherine Earnshaw, puesto que el concepto de **androginia** "como han señalado algunas críticas feministas[...] 'inserta' lo femenino dentro de lo masculino, pero la visión de Emily Brontë es sobre todo ginandra, pues inserta a lo masculino, por así decirlo, dentro de lo femenino" (Gilbert y Gubar, 1979: n.60, p.677).

CONTEXTO 1: De acuerdo con esta lectura, entonces, todos estos personajes se vuelven no tanto figuras de la construcción exitosa de una unidad idílica andrógina o *'ginandria'*, sino actores de un ciclo imaginario de liberación y repetición edípica (Kavanagh, 1985: 43).

CONTEXTO 2: ¿Es la **androginia** (o la *ginandria*) una meta sin valor, puesto que [...] continúa siendo definida por, y entonces limitada a, justamente la polaridad "masculino"—"femenino" de la que tratamos de escapar? (Eisenstein, 1980: xxiii).

OBSERVACIONES: Véase androginia, bisexualidad.

EQUIVALENTES: In. gynandry.
Fr. gynandrie.

REFERENCIAS: Gilbert y Gubar, 1979 / Kavanagh, 1985.

ginocrítica

El "estudio de las mujeres como escritoras" que se propone la creación de nuevos modelos de análisis, una nueva teoría y una voz propia, basados en la experiencia de las mujeres, rechazando teorías y modelos masculinos (Showalter, 1985b: 131).

Elaine Showalter acuña el término "*ginocrítica*" en su ensayo de 1979, "Toward a feminist poetics", para oponer esta modalidad crítica a lo que ella llama la **crítica feminista**. Según Showalter la etapa revisionista que se dedicó a analizar "los estereotipos de mujeres, el sexismo de los críticos, y los papeles limitados desempeñados por las mujeres en la historia literaria" estaba, en realidad, trabajando de cara a lo masculino. A mediados de la década de los setenta se vuelve necesario estudiar "lo que las mujeres han sentido y experimentado" (Showalter, 1985b: 130) y a esta última tendencia Showalter la denomina *ginocrítica*.

En su ensayo de 1981, "Feminist criticism in the wilderness", define más detalladamente este tipo de crítica literaria, y enuncia sus objetivos y un modelo teórico, aunque no una metodología. Los asuntos de los que se ocupa la *ginocrítica* son "la historia, los estilos, temas, géneros literarios y estructuras de la escritura de mujeres; la psicodinámica de la creatividad femenina; la trayectoria individual o colectiva, y la evolución de las leyes de una tradición literaria femenina". El objetivo de la ginocrítica es encontrar "la **diferencia** de la escritura de mujeres" (Showalter, 1982: 14-15), en los textos que se han llamado ginocéntricos. Para ello Showalter partiría de una teoría cultural que, por un lado, abarcaría tres tipos anteriores de *ginocrítica* —biológica, lingüística y psicoanalítica— y, por otro, se basaría en la idea de la existencia de una cultura femenina y un modelo de la misma.

La cultura femenina, según Showalter, "forma una experiencia colectiva dentro del todo cultural, una experiencia que liga a las mujeres escritoras entre sí, más allá de límites espaciales o temporales", es decir, más allá de la pertenencia a una clase social, raza, nacionalidad o momento histórico (Showalter, 1982: 27).

Las características de esta cultura podrían explicarse de acuerdo con el modelo teórico del antropólogo Edwin Ardener ("Belief and the problem of women", 1972 y "The problem revisited", 1975), según el cual "las mujeres constituyen un *grupo silenciado*, los límites de cuya cultura se superponen, pero no están totalmente contenidos por el *grupo dominante (masculino)*" (Showalter, 1982: 30).

La zona, en términos de espacio, experiencia o metafísica, de la cultura de las mujeres que queda fuera de la zona de la cultura masculina, es denominada por Ardener "salvaje". La zona salvaje o "espacio femenino" debería ser "el tema central de la crítica, teoría y el arte genuinamente centrados en las mujeres", ya que es la expresión que ha sido silenciada y ha permanecido invisible, pues los hombres nunca han comprendido su valor. Entre las críticas feministas francesas la zona salvaje "es el lugar donde se sitúa el lenguaje revolucionario de las mujeres", "el continente oscuro" (Showalter, 1982: 30-31). Showalter considera que la crítica francesa (en realidad Hélène Cixous) con su énfasis en la **escritura femenina** "reafirma el *valor* de lo femenino e identifica el proyecto teórico de la crítica feminista como el análisis de la **diferencia** (Showalter, 1982: 16); se inscribe, por lo tanto, dentro de la *ginocrítica*.

A pesar de que Showalter menciona que existiría un espacio en su teoría para otras variables además del **género**, raza, clase, nacionalidad, y también modalidades de la producción, recepción e inserción de la obra particular en el contexto general de la literatura culta y popular, el concepto de cultura femenina es demasiado esquematizador, pues difícilmente podría abarcar las diferentes culturas femeninas. La anterior es una objeción de Carolyn J. Allen, quien señala, además, que la *ginocrítica* propuesta por Showalter que incluiría "argumentos sobre diferencias sexuales basados en la biología, el lenguaje y la psicología" es tan amplia que no tendría fuerza; por otro lado, Allen cuestiona la necesidad de adoptar un solo modelo de crítica (Allen, 1982: 299).

Toril Moi cuestiona los planteamientos y la propuesta de Showalter centrándose en lo que considera su punto débil, situado en el centro mismo de la teoría. Según Showalter, al estudiar los textos de mujeres se encontrará en ellos "lo que las mujeres han sentido o experimentado". Es decir, objeta Moi, que "el texto ha desaparecido, o se ha convertido en un medio transparente a través del cual se puede alcanzar la 'experiencia'" (Moi, 1988: 86). El rechazo a la teoría, sobre todo la de algunos hombres —Lacan, Macherey, Engels— y la utilización de las teorías de otros —Ardener y Geertz— es una inconsistencia derivada, dice Moi, del temor de Showalter "al texto y a los problemas que plantea, [...]". La *ginocrítica* elude tratar al texto como "proceso de significación" (Moi, 1988: 87).

El término se usa hoy en día para referirse a los estudios de literatura escrita por mujeres, sin referencia a los planteamientos (polémicos en su momento) de Showalter; es decir, que el término se ha simplificado y generalizado. Así, por ejemplo, Geraldine Nichols aclara "si bien utilizo la palabra *ginocrítica*, difundida en España, sobre todo por la prensa, lo hago con ciertas reservas. Me parece un eufemismo empleado para soslayar o menguar la vertiente política de una crítica mejor llamada 'feminista' por el hecho de que aspira a cambiar la situación de la mujer, no sólo a analizarla" (Nichols, 1992: 1).

La difusión —promovida por la misma Showalter en su elaboración de historias de la crítica literaria feminista (v. Showalter 1987, Showalter 1990 y también Gilbert y Gubar, 1989)— del término como un modelo teórico aceptado, asumido por las críticas feministas, ha sido causa de que se englobe con el término a una serie de estudios y propuestas que nunca se llamaron a sí mismos ginocríticos.

CONTEXTO 1:   La *ginocrítica* no constituye un sistema teórico acabado, abarca así todos los estudios que centran sus análisis en la mujer —ya sea como autora, como lectora o personaje— desde un enfoque que problematiza el ser mujer en una sociedad que siempre la ha silenciado o ignorado (Domenella, 1991: 47).

CONTEXTO 2:   Una de las preocupaciones de la *ginocrítica* es definir un tema específicamente femenino —el mundo de la domesticidad, por ejemplo, o las experiencias especiales de la gestación, el parto y la crianza, o las relaciones entre madre e hija o entre mujeres en el que los asuntos personales y emocionales, y no el activismo externo, constituyan el interés principal [...] (Abrams, 1988: 210).

SINÓNIMOS: "gynocriticismo" aparece en Culler, 1982: 49, obviamente es una mala traducción del inglés "*gynocriticism*" sinónimo de *gynocritics*. "Ginecocrítica", en Lauretis, en "La esencia del triángulo o tomarse en serio el riesgo del esencialismo: teoría feminista en Italia, los EUA y Gran Bretaña" trad. Salvador Mendiola, *debate feminista*, núm. 2, 1990:84.

OBSERVACIONES: Véase aracnología, crítica feminista, escritura femenina.

EQUIVALENTES: In. gynocritics.
                  Fr. gynocritique.
REFERENCIAS: Showalter, 1985b / Showalter, 1982 /Nichols, 1992.
      Para un análisis crítico de las teorías de Elaine Showalter v. Moi, 1988: *passim* / Carolyn J. Allen en Abel, 1982: 299-303 /Gilbert y Gubar, 1989.
      Para una aplicación de la ginocrítica, sus posibilidades y deficiencias, v. el capítulo titulado "Gynocriticism" de Sue Spaul en Mills, 1989: 83-121 y Frith, 1993: 154-6. Para una utilización de la teoría cultural de Showalter en el análisis cinematográfico, v. Williams, 1990. Para una presentación de las "condiciones estructurales" que formarían la "cultura femenina", v. Donovan, 1987.

hablar - mujer

Término creado por Luce Irigaray que se refiere a un tipo de discurso producido por las mujeres, sin "censura", sin "represión". Para poder *hablar-mujer* habría que "volver a atravesar el discurso dominante. Interrogar la maestría de los hombres. Hablar a las mujeres. Y entre mujeres" (Irigaray, 1977:119). No se trataría de que la mujer fuera ni el objeto ni el sujeto del discurso, sino de "procurar un espacio al 'otro' como femenino" (Irigaray, 1977: 133).

Algunos textos de Irigaray, como "Quand nos lèvres se parlent" (Irigaray, 1977: 203-217 o Irigaray, 1980), son la realización de su propuesta. Carolyn Burke puntualiza los objetivos e implicaciones de este hablar que puede escribirse: "[...] su objetivo es una interrogación radical del 'significado', lo que implica abrir el discurso hacia el sentido del 'sinsentido', dar nueva forma a la sintaxis para suspender sus patrones teleológicos, adoptando la fragmentación y arriesgándose a la 'incoherencia' para debilitar la resistencia del lenguaje ante lo femenino" (Burke, 1980: 66).

El fundamento de la propuesta de Irigaray parte de un cuestionamiento de las afirmaciones de la teoría psicoanalítica sobre la sexualidad de la mujer, explicada, siempre, a partir del modelo masculino: "la valorización del solo sexo masculino, el imperio del falo y su lógica del sentido y sistema de representaciones" (Irigaray, 1977: 131) han privado a la mujer de la posibilidad de "auto afecto" separándola de su sexo —sexualidad. La expresión, mediante el lenguaje verbal, de su deseo, de sus placeres, es difícil de lograr porque el discurso dominante o la sintaxis masculina no le conceden un lugar, y porque si "como mujer y en público, usted tiene la audacia de decir cualquier cosa sobre su deseo propio, se producirá el escándalo, la represión. Usted altera el orden —particularmente el del discurso" (Irigaray, 1977: 142). El *hablar-mujer* sería, entonces, también un espacio en el que las mujeres se permitirían hablar como ellas hablan, "sin dejarse distraer por la norma o por el hábito", para no recaer en el mismo "lenguaje que reproduce las mismas historias" (Irigaray, 1980: 69).

La alteración del orden del discurso como condición para que "los cuerpos de sexos diferentes tengan derechos subjetivos y objetivos equivalentes" se ha convertido en la continuación de la propuesta de Irigaray de un *hablar- mujer*. En ese sentido, sus textos e investigaciones más recientes tienen como objetivo demostrar que "dentro de la lengua el género lingüístico no valora por igual a hombres y mujeres", que mujeres y hombres utilizan de maneras diferentes el lenguaje, y que para incidir en el logro de una igualdad no material, sino subjetiva —en el nivel de la lengua y de las imágenes— hay que intentar modificar la predominancia del género masculino en la lengua (Irigaray, 1990).

Aunque el cambio de objetivo de Irigaray podría verse como el paso de una estrategia separatista a una de integración, existe una preocupación constante a lo largo de toda su obra: el desmantelamiento del pensamiento de la mismidad, que es la descripción de hombres y mujeres siempre a partir del hombre, y por lo tanto el desmantelamiento de la "ficción opresiva de un sujeto universal" (Schor, 1989: 45).

CONTEXTO 1:   Este *hablar-mujer* consistirá en encontrar una posible continuidad entre la gestualidad o la palabra del deseo de la mujer —que actualmente sólo pueden percibirse bajo la forma de síntomas y patología [de la histeria] (Tubert, 1988: 138).

CONTEXTO 2:   En vez de expresar afirmaciones definitivas *acerca de* un lenguaje o crear un metalenguaje [Irigaray] elige explorar el *hablar-mujer* en un diálogo imaginario entre dos amantes mujeres (Burke, 1980: 67).

SINÓNIMOS: "El habla mujer", trad. en Moi, 1988: 151,153.

OBSERVACIONES: Véase escritura femenina, diferencia sexual, lo semiótico.

EQUIVALENTES: In. speak-female, *parler-femme*, woman language.
                Fr. parler-femme.

REFERENCIAS: Irigaray, 1974 /Irigaray, 1977 /Irigaray, 1980 /Irigaray, 1990 /Burke, 1980 /Burke, 1978 /Tubert, 1988 /Schor, 1989.

heterosexualidad obligatoria

Heterosexualidad obligatoria es el término con que se denominó uno de los crímenes que se cometen contra las mujeres en el Tribunal sobre Crímenes contra las Mujeres, en Bruselas en 1976: la persecución o "rehabilitación" por la fuerza de mujeres homosexuales (Rich, 1980: 653). Adrienne Rich rescata el término para hablar sobre un aspecto de la vida de las mujeres que la teoría y crítica feministas dan por supuesto, es decir, el carácter heterosexual de la orientación sexual femenina. La "existencia lesbiana", mientras tanto, es considerada por gran parte de la teoría y crítica feministas como "marginal", un "fenómeno menos natural", una "mera preferencia sexual", o "la imagen especular de relaciones heterosexuales u homosexuales masculinas" (Rich, 1980: 632-3).

Según Linda Abbandonato (Abbandonato, 1991: n.2) el término fue creado por Gayle Rubin, "El tráfico de mujeres" (1975); de hecho Rubin, al resumir su lectura de Freud y Lévi-Strauss (v. **sistema de sexo/género**), concluye, entre otras cosas, que "la *heterosexualidad obligatoria* es resultado de [los sistemas de] parentesco" (Rubin, 1986: 130), pero no hace ninguna aclaración en cuanto al origen de este término.

En todo caso Rich toma el término de *Proceedings of the International Tribunal on Crimes Against Women* (Diana Russell y Nicole van de Ven (eds.), Millbrae CA, Les Femmes, 1976) para intentar demostrar que, por un lado, la heterosexualidad debe ser reconocida y estudiada como una "institución política", cuya ideología permea todas las relaciones sociales y es reforzada por las atribuciones de poder de los hombres sobre las mujeres; y, por otro, que existe un *continuum* lesbiano, que atraviesa la vida de todas las mujeres, así como la historia. Estas experiencias de mujeres que se identifican con otras mujeres, son borradas o estigmatizadas con el objetivo de conservar la obligatoriedad de la heterosexualidad para las mujeres (Rich, 1980: 648-9).

En la literatura escrita por mujeres es posible descubrir, afirma Rich, lo que ella llama la "doble-vida" de muchas mujeres cuyas

relaciones de supervivencia —afectivas, de solidaridad— se establecen
con otras personas de su mismo sexo, a pesar de su aparente heterosexualidad; es posible vislumbrar cómo la vinculación entre las mujeres, si adoptara una forma consciente, "podría integrar amor y poder"
(Rich, 1980: 654-6). Aquí Rich parte de una visión "realista" de la
literatura, trasladando sin mediaciones, la experiencia de los personajes de dos novelas (Meridel Le Sueur, *The Girl*, 1978 y Toni Morrison,
Sula, 1973) a la experiencia de la vida real, a la vez que parece
proponer que toda amistad estrecha entre mujeres debe ser considerada como una "existencia lesbiana" no asumida.

La defensa de la "existencia lesbiana" como forma privilegiada de
resistencia ante la heterosexualidad institucionalizada y como condición para una conciencia feminista es un punto débil de la propuesta de Rich, argumenta Martha E. Thompson. Primero porque las
instituciones políticas (o sociales), considerando que la *heterosexualidad obligatoria* fuera una de ellas, no son monolíticas, se encuentran
en ellas contradicciones e inconsistencias. Por otro lado, el mismo
análisis de Rich comprueba que la simple existencia de la *heterosexualidad obligatoria* no impide la identificación consciente entre mujeres,
así como ésta tampoco se da automáticamente aun cuando exista una
unión sexual entre dos mujeres (Thompson, 1981).

Alice Echols, por su parte, denuncia los supuestos que sirven
como fundamentos para el concepto de *heterosexualidad obligatoria*.
Incluye a Adrienne Rich en el llamado feminismo cultural, tendencia
que considera que "la participación de las mujeres en la heterosexualidad es más aparente que real, y sugiere que se fuerza y soborna
a las mujeres para que acepten las normas heterosexuales". La valida-
ción del lesbianismo —término al cual Rich sustituye por "existencia
lesbiana"—, concluye Echols, se realiza mediante la "satanización de la
masculinidad y la heterosexualidad" (Echols, 1984: 60-2).

El término, con todas las inconsistencias derivadas del desarrollo
que hace Rich para validarlo y de su posición dentro de la polémica,
al interior del feminismo, sobre sexualidad, homosexualidad, violen-
cia y pornografía, ha sido utilizado de manera productiva por Linda
Abbandonato para analizar *The color purple* de Alice Walker. Abbandonato apunta que la protagonista de la novela está racial, sexual y
heterosexualmente oprimida. La relación amorosa que tiene con
otra mujer le permite reconocerse y apropiarse de su vida (Abbandonato, 1991).

CONTEXTO 1:   El "contrato heterosexual" según su término [de Monique
                Wittig], o lo que Adrienne Rich ha llamado la *"heterosexua-*

lidad obligatoria", no es sólo una cuestión de quién duerme con quién, sino del supuesto firme y profundamente enraizado de que los "cimientos de una sociedad, cualquier sociedad, son la heterosexualidad" (Lauretis, 1986b:13).

CONTEXTO 2:   ¿Si la "identidad" es un *efecto* de las prácticas discursivas, hasta qué grado la identidad de **género**, construida como una relación entre el sexo, el género, la práctica sexual y el deseo, es efecto de una práctica normativa que puede identificarse como una *heterosexualidad obligatoria*? Esa explicación ¿nos llevaría de vuelta a otro marco totalizador en el que la *heterosexualidad obligatoria*, simplemente, toma el lugar del **falogocentrismo** como la causa monolítica de la opresión de género? (Butler, 1990b:18).

OBSERVACIONES: Véase pensamiento alineado.

SINÓNIMOS: heterosexualidad compulsiva, en Lauretis, 1991:183, trad. de "Feminist Studies/Critical Studies: Issues, Terms, and Contexts" de Teresa de Lauretis en Lauretis, 1986b: 1-19. Sin embargo, el adjetivo "compulsiva", a pesar de que tiene el significado de "obligatoria" en español, puede confundirse con el sentido común que se le da en frases como "comer de manera compulsiva", es decir, con apremio y por una necesidad emocional, por razones internas y personales, no provenientes de fuera, connotación esta última que sí presenta el adjetivo "obligatoria".

EQUIVALENTES: In. compulsory heterosexuality.
Fr.heterosexualité obligatoire.*

REFERENCIAS: Rich, 1980 / Thompson, 1981 / Lauretis, 1987: n. 12 p. 106, 144 / Echols, 1984 / Abbandonato, 1991.

hipótesis dispersiva

Propuesta para estudiar la literatura femenina que partiría de la idea de que "el verdadero acto político de la literatura llamada femenina no radica tanto en la denuncia de una represión o en la recuperación de una identidad sexual, como se ha pensado, sino en la dramatización del cuestionamiento de la identidad misma como fuente de autoridad, sea ésta textual o política".

Enrico Mario Santí plantea su hipótesis (surgida, explica él, de la lectura de Derrida, *Espolones. Los estilos de Nietzsche*) como contrapropuesta a la tendencia generalizada de estudiar los textos escritos por mujeres como la expresión de la realidad de una identidad femenina. A esta hipótesis la llama "represiva (término de Foucault, *La historia de la sexualidad* 1: *La voluntad de saber*) porque "esconde[...] una estrategia de poder que reprime ella misma el escándalo de la **diferencia** —aquello que es impensable porque cae *entre* los dos sexos, lo que cae más allá del signo y de la representación, la posibilidad de que la escritura *no* tenga sexo, o quizá, de que tenga más de uno".

Según Santí, la *hipótesis dispersiva* permitiría acercarse "a textos que plantean una lectura plural" y a textos, no escritos por mujeres, en los que la "ambigüedad de los personajes impide que su identificación sexual sirva de fuente para la interpretación del texto", como en las obras de Severo Sarduy, Manuel Puig y Reinaldo Arenas.

Santí plantea una problemática central para la crítica literaria feminista, pues, si ésta parte del hecho de que un texto escrito por mujer es diferente y, por lo tanto, especial, sólo porque quien lo escribió es una mujer, introduce de antemano un presupuesto que la hará concebir la "literatura femenina" como creada en un mundo separado del mundo de la tradición literaria que incluye obras escritas por individuos que no responden a la categorización "hombre" o "mujer".

CONTEXTO: Guardo la impresión, no obstante, que mi *hipótesis dispersiva* no es muy nueva. Aun en los planteamientos críticos más idealistas, aquellos que invocan la "universalidad" o el "humanismo" de la obra, por ejemplo, aparece implícito este germen dispersivo, sólo que nunca es reconocido por lo que verdaderamente significa —la radical negación de toda determinación genética que el texto realiza sobre sí mismo (Santí, 1987: 195).

EQUIVALENTES: In. dispersive hypothesis.*
                  Fr. hypothése dispersive.*

REFERENCIAS: Santí, 1987.

imágenes de la mujer

Procedimiento, el primero, de la crítica literaria feminista que analiza y denuncia los estereotipos de personajes femeninos en las obras de escritores masculinos o en las críticas de hombres a libros escritos por mujeres. Dos libros paradigmáticos de este tipo de análisis son *Thinking about women* de Mary Ellman (1968) y *Sexual politics* de Kate Millet (1969).

La búsqueda de *imágenes de la mujer* se amplió más adelante a la literatura escrita por mujeres, ejemplo de ello es *The Madwoman in the Attic* de Gilbert y Gubar (1979), quienes analizan los estereotipos contra los que las escritoras tuvieron que luchar para sobrepasar la **angustia ante la autoría**, por un lado, y la imagen de la loca en el ático como un personaje en que se volcarían los sentimientos reprimidos de las propias autoras. El objetivo de este análisis es trazar una línea de continuidad que respondería a una tradición literaria femenina, en la que las imágenes de encierro, huida, locura, "metáforas de malestar físico manifestado en paisajes helados e interiores ardientes [...] junto con descripciones obsesivas de enfermedades como anorexia, agorafobia y claustrofobia" formarían un patrón recurrente e importante para caracterizar esta tradición (Gilbert y Gubar, 1979: xi).

Se le ha reprochado a la crítica de *imágenes de la mujer*, a la de Gilbert y Gubar como representativa de ella, el intento de configurar una tradición femenina contrapuesta a la tradición dominante, pero una sola. En segundo lugar se ha cuestionado su estudio temático de las obras literarias, que presupone "una concepción fuertemente representacional de la literatura" según la cual las obras de mujeres retratan con autenticidad la identidad femenina (Richard, 1990: 43).

Esta práctica crítica se basa, según Sally Minogue, en la teoría de que "las maneras en que las mujeres se ven a sí mismas están inscritas (entre otras cosas) en la literatura que leen, por lo que las representaciones literarias misóginas causan mucho daño a las mujeres, tanto es así que debemos revaluar a los autores que presentan tales representaciones y modificar nuestro enfoque crítico para tomar en cuenta su misoginia" (Minogue, 1990:7). Sin embargo, continúa Minogue, ésta es una visión simplista de la socialización de hombres y mujeres, así como del significado de la literatura (Minogue, 1990: 10-1). No toma en cuenta la mediación del lenguaje, del discurso o del aparato literario (Allen, 1987: 281).

La crítica de *imágenes de la mujer* llevada a su extremo produjo afirmaciones como la siguiente: "[...] en el caso de la novela de Faulkner [*Light in August*], si bien como estudiosa y 'lectora informada' puedo apreciar la técnica y la sofisticación estética de la obra; como mujer y feminista no puedo aceptar sus premisas morales ni, por lo tanto, en última instancia, su resolución estética" (Donovan, 1976-77: 608).

El señalamiento de las deficiencias de este procedimiento crítico, permitió una reformulación que propone el análisis de los mitos sobre la mujer escenificados en las obras literarias, los procesos psíquicos y sociales implicados y "las ideologías políticas y sexuales de las obras canónicas" como un acercamiento más, sobre todo, a la literatura realista del siglo XIX (Zavala, 1993: 44-5).

CONTEXTO 1:   Al leer *Images of Women in Fiction* nos damos cuenta en seguida de que estudiar las "*imágenes de la mujer* en la novela" equivale a estudiar las *falsas imágenes de la mujer* en la novela. La imagen de la mujer en la literatura viene definida por oposición a la "persona real" que, de un modo u otro, la literatura nunca consigue trasmitir al lector (Moi, 1988: 56).

CONTEXTO 2:   No son entonces, tarea mediocre el estudio de las *imágenes de la mujer*, o el estudio temático así reformulado; sirven como formas de iniciar y ensanchar el análisis a fondo de las estructuras culturales y sociales que han servido para excluir y silenciar; sirven para polemizar con lo normativo y autorizado como verdad única. Una vez, claro está, que se recontextualicen las figuraciones y las imágenes, y que se sitúen las categorías organizadoras con las formas de producción (Zavala, 1993: 67).

EQUIVALENTES: In. images of women.
Fr. images des femmes.*

REFERENCIAS: Allen, 1987 /Moi, 1998: 54-60 /Minogue 1990 /Donovan 1976-77 /Gilbert y Gubar, 1979 /Zavala, 1993 /Richard 1990, 1993: 31-42.

imaginación femenina

La *imaginación femenina*, uno de los primeros acercamientos a la búsqueda de una especificidad de la literatura escrita por mujeres (Patricia M. Spacks, *The female imagination*, 1975), es también uno de los primeros conceptos en ser cuestionados por gran parte de la crítica literaria feminista.

El presupuesto para la existencia de una *imaginación femenina* es que es posible encontrar una continuidad a lo largo de la historia, en la percepción que de sí mismas expresan las mujeres en su literatura. Spacks habla así de "sentimientos", "formas de reaccionar" y "esquemas característicos de percepción": la *imaginación* —definida por ella como "la fuerza que penetra en el sentido interno de la realidad, pero también, la capacidad de crear sustitutos de la realidad" (Spacks, 1980: 12)— *femenina* sería una característica inherente, y por lo tanto constante, de la mujer escritora. Puesto que la mujer ha estado "siempre" subordinada, sus obras "refractan los efectos de esa subordinación de una forma que el hombre difícilmente podría reproducir" (Spacks, 1980: 11).

La lectura de obras de escritoras de habla inglesa —siglos XVIII al XX— lleva a Spacks a afirmar, por un lado, que los temas que han preocupado a las mujeres han sido "asuntos más o menos periféricos a los problemas masculinos" (Spacks, 1980: 13) y, por otro, a concluir que el sentimiento que permea las obras de mujeres y resuena en ellas una y otra vez es la "ira" como "una respuesta al engaño, a los callejones sin salida con los que tropiezan y al hecho de que la sociedad no garantice las necesidades de la mujer" (Spacks, 1980: 358).

La crítica que se le hizo al concepto de *imaginación femenina* tal y como fue propuesto por Spacks se refiere a su sesgo esencialista. Elaine Showalter considera que la tesis de Spacks termina "reiterando los estereotipos comunes" y que "la *imaginación femenina* no puede ser tratada por los historiadores literarios como una abstracción romántica o freudiana. Es producto de una delicada red de influencias que operan a través del tiempo, y debe ser analizada en su modo de expresión, en el lenguaje y en la disposición de las palabras en una página, forma que está ella misma sujeta a una red de influencias y convenciones, que incluyen las operaciones del mercado" (Showalter, 1977: 12).

Peggy Kamuf censura su "determinismo biológico", considerando el concepto antifeminista (Castro, 1985: 31); mientras que Mary Eagleton advierte que las teorías esencialistas de este tipo pueden "volverse ahistóricas y apolíticas, dando por supuesta una unidad libre de conflictos entre mujeres de diferentes culturas, clases y momentos históricos" (Eagleton, 1986: 2).

El concepto de "*imaginación femenina*" permitió reflexionar sobre las dificultades a las que se enfrentaría la crítica literaria feminista en sus intentos por "atrapar" y definir su objeto de estudio; permitió percibir lo sencillo que resulta caer en una postura similar aunque opuesta a la "patriarcal" que se critica.

Actualmente cuando el término se utiliza se pasa por alto su carga esencialista, o se acepta implícitamente, para referirse, en abstracto, a la creatividad de las mujeres escritoras.

CONTEXTO 1:   ¿Será posible construir una tradición alternativa, un laberinto de obras producidas por la *Imaginación femenina* en los momentos claves de la historia y en contextos lingüísticos específicos? ¿O, dentro de los límites de la **diferencia**, debe la literatura escrita por mujeres ser evaluada e interpretada de acuerdo con el canon literario dominante? (Méndez, 1989: 30).

CONTEXTO 2:   Una "diferencia" importante de la escritura de mujeres es que para muchas de ellas la imaginación constituye una dimensión significativa de la realidad. En lo que se refiere a sus escritos, Spacks considera esto como un resultado positivo de la alienación social de las mujeres, lo que estimula a expresarse de maneras originales. La descripción que hace Spacks de la "*imaginación femenina*" es muy similar a la noción de "zona salvaje" de Elaine Showalter, central para su teoría de la ginocrítica (Mills, 1989: 88).

EQUIVALENTES: In. female imagination.
Fr. imagination feminine.*

REFERENCIAS: Spacks, 1980 / Showalter, 1977: 9-13 / Eagleton, 1986: 2 / Kamuf Peggy, "Writing like a woman", en *Women and language in literature,* McConnel, Sally *et al.* (eds.), Praeger, Nueva York, 1980, pp. 284-298, cit. en Castro, 1985.

lectura feminista

Interpretación y análisis de textos desde una perspectiva feminista, es decir, desde un enfoque que considera cierta especificidad en la literatura escrita por mujeres. Puede referirse asimismo al análisis de la recepción de obras escritas por hombres o a propuestas de recepción de estas obras, desde una posición "renuente" o suspicaz, por parte de las mujeres.

Se trata de un término utilizado con liberalidad; en este sentido a veces se presenta como un término que no necesita explicación, y la mayoría de las veces se da por sobrentendido. Pero varias críticas feministas han intentado definir prácticas de lectura específicas: sobrelectura (Miller, 1986), lectora renuente (Fetterley, 1978) leer como mujer (Culler, 1982); o bien, partiendo de características comunes a cierto número de obras de mujeres, han generalizado y designado como particularidad de la escritura de mujeres una duplicidad (Gilbert y Gubar, 1979), una doble conciencia (Hirsch, 1989), una bivocalidad (Showalter, 1982). Esta última propuesta podría resumirse en la concepción —de Gilbert y Gubar— de la literatura escrita por mujeres como "palimpséstica": oculta bajo una trama ortodoxa existe una trama subterránea en la cual se encontraría un subtexto subversivo. Inaccesible para la mayoría de los escritores y críticos hombres, este es el nivel de significado al que debe intentar llegar la crítica literaria feminista (Gilbert y Gubar, 1979: 73).

Una lectora renuente (*resisting reader*) se define como una lectora que no acepta las imágenes de la mujer representadas en la literatura escrita por hombres.[1] Implica la introducción de lo personal y lo subjetivo en el fenómeno artístico y su interpretación; implica asimismo cuestionar la literatura masculina como representación de lo universal y por tanto rechazar identificarse con los "héroes" involucrados en situaciones que presentan a las mujeres como obstáculos para la libertad y felicidad de los hombres (Fetterley, 1978).

[1] Fetterley estudió textos narrativos de Washington Irving, Sherwood Anderson, Nathaniel Hawthorne, William Faulkner, Ernest Hemingway, Scott Fitzgerald, Henry James, Norman Mailer.

Leer como mujer (*reading as a woman*) es para Jonathan Culler una práctica, que él plantea como "una hipótesis" de la crítica literaria feminista, anclada en la problemática de la experiencia como fuente de autoridad que legitima la respuesta de las/os lectoras/es. Pueden discernirse, según Culler, tres momentos de la crítica literaria feminista en relación con la mujer como lectora. En el primero se buscan las **imágenes de la mujer** en la obras literarias de hombres (un ejemplo es *Política sexual* de Millet) ; en el segundo se cuestionan "los supuestos literarios o políticos" a partir de los cuales se ha leído siempre (por ejemplo, *The Resisting Reader* de Fetterley); en un tercer momento se cuestiona el modo racional, lógico de la crítica al uso, no para proponer la irracionalidad, sino la validez de modos alternativos que tomen en cuenta las diferencias entre los géneros (ilustrado por el análisis de un cuento de Balzac por Shoshana Felman, "Women and Madness: The Critical Phallacy", *Diacritics*, 4[1975]).

Una propuesta teórica que podría ilustrar un cuarto momento es la de Nancy Miller; aquí se trata de la lectura de textos de mujeres, mientras que Culler sólo habla de las mujeres como lectoras de hombres. La sobrelectura (*overreading*), implicada en la "toma de posición crítica" denominada "**aracnología**" por Nancy K. Miller —como respuesta a su interpretación de las teorías de Roland Barthes, esta vez sobre la inexistencia de una "primera lectura" y la propuesta de que todo ha sido "ya leído"— tiene un objetivo doble: "Busca, primero, desestabilizar el modelo interpretativo que cree que sabe cuándo está releyendo y qué existe en la biblioteca. En un segundo gesto, paralelo al anterior, esta práctica [...] construye un nuevo objeto de lectura, la escritura de mujeres. En concreto el segundo objetivo implica leer la escritura de mujeres no como ya de antemano leída sino como si nunca hubiera sido leída; como si se leyera por primera vez" (Miller, 1986: 274). La práctica de la sobrelectura se plantea como una respuesta a la práctica de lo "subleído", es decir de las obras que están fuera del canon literario o se consideran ya leídas (Miller, 1988: 77). Miller, a diferencia, de las posturas anteriores, no coloca la experiencia como condición para la lectura, se centra más bien en el texto y en la búsqueda de los momentos en los que en éste se representa el acto de la escritura, para encontrar ahí la "impronta femenina".

Diana Fuss revisa el debate sobre "el género y la lectura", centrándose en el lugar desde el que se lee. El debate, señala, supone discutir el uso de conceptos como "experiencia", "hombre", "mujer", "esencia", pues adoptarlos sin problematización implica olvidar las diferencias materiales entre las personas de ambos géneros, de diferentes nacionalidades, clases sociales. Fuss propone que "la política es la esencia del feminismo", "la base para una posible coalición de las mujeres", y un término no definible, pero privilegiado del feminismo. Así, las categorías de mujer y hombre serían "nada más y nada menos que construcciones sociales, posiciones de sujeto sujetas al cambio y la evolución histórica". En la lectura entran en conflicto las posiciones de sujeto construidas y las que se van construyendo durante la lectura, es decir, el sujeto se concibe como el ámbito en que conviven y compiten "diferencias múltiples y heterogéneas". De su postura se desprende que una *lectura feminista* o "leer como feminista" significa leer desde una posición de sujeto que se asume como feminista, ya sea esencialista, desconstruccionista, tercer mundista, ya sea mujer u hombre (Fuss, 1989).

El término *lectura feminista* es, se podría decir, un término genérico que comprende posturas diversas sobre la interpretación de textos desde una perspectiva feminista. Es representativo, en ese sentido, de la diversidad de enfoques dentro de la crítica literaria feminista y de la complejización creciente de sus posiciones teóricas. Por ello me parece más útil presentar contextos de algunas posturas de lectura discutidas.

CONTEXTO 1: [Borges] perfeccionó el arte de la paradoja de tal manera que incluso cuando subvierte teleologías, preserva el misterio (o su equivalente formal, la ambigüedad). Pero a medida que el énfasis de la crítica moderna se ha desplazado gradualmente —desde la localización del significado en un autor que lo origina hasta un texto formalista hasta un(a) lector(a) colaborador(a), en algunos casos un(a) *lector(a) renuente*— los efectos de tales gestos retóricos pueden resultar menos ambiguos de lo que nos han hecho creer algunos de los expositores teóricos de Borges (Brodzki, 1985).

CONTEXTO 2: *Leer como mujer* significa romper la indiferencia, la no **diferencia** genérica e indagar en modos de lectura que revelen las distintas identidades de lector(a) y productor(a) en una complicidad que haga visible distintas percepciones de lo real; distintos modos de sentir, de hablar, de escribir (Olea, 1990).

EQUIVALENTES: In. feminist reading.
Fr. lecture féministe.

REFERENCIAS: Miller, 1986a / Fetterley, 1978 / Culler, 1982: 50-52 / Gilbert y Gubar, 1989 / Hirsch, 1989 / Showalter, 1982/ Fuss, 1989 / Abrams, 1988: 209.

matrofobia

Término creado por Lynn Sukenick, en su ensayo sobre la obra de Doris Lessing (1974) que designa el rechazo hacia la madre, expresado por mujeres y que Adrienne Rich (1978), Elaine Showalter (1979) y Marianne Hirsch (1989) consideran una actitud o sentimiento presente en las obras de muchas escritoras.

Showalter recupera el análisis hecho por Rich, quien responsabiliza al sistema patriarcal del distanciamiento negativo que se da entre madres e hijas. Para Showalter "odiar a la madre significaba alcanzar la lucidez feminista en los años cincuenta y sesenta; pero en realidad es sólo una metáfora del odio hacia una misma. La literatura escrita por mujeres en los años setenta va más allá de la *matrofobia* para buscar valientemente y sin titubeos a la madre[...]" (Showalter, 1985b: 135).

Hirsch en *The mother/daughter plot* rastrea el tema de las relaciones madre hija en la obra de escritoras de habla inglesa desde la segunda mitad del siglo XIX hasta la década de los ochenta. Para Hirsch la *matrofobia*, su ausencia, presencia o su revisión y análisis, sería uno de los elementos que permitiría tipificar las obras escritas por mujeres. Aunque ella realmente utiliza el concepto al caracterizar textos teóricos de los años setenta y ochenta —"novelas familiares feministas"— sugiriendo que la *matrofobia* podría verse como el lado oculto de algunos textos escritos por mujeres, en los que la madre con respecto a la hija sigue siendo *otra*, y en los que se celebran las relaciones con otras mujeres, relaciones fuera de las instituciones patriarcales de las que se considera parte a la madre. Ejemplo claro de esta posición, para Hirsch, son los textos de Luce Irigaray, "Et le une ne bouge pas sans l'autre" (Irigaray, 1981) y "Quand nos lèvres se parlent" (Irigaray, 1980 / Hirsch, 1989: 136).

CONTEXTO 1: El rechazo de Martha Quest [*Children of violence* de Doris Lessing] a las emociones es resultado, en gran parte, de su *matrofobia*. Tanto Martha como la heroína de *El cuaderno dorado*, Anna Wulf, se resisten con tanta fuerza a los llama-

74

dos de la emoción a la vez que deploran el entumecimiento de la sociedad que las rodea, que nos vemos forzadas a considerar este tema no como secundario ni de apoyo, sino como el asunto dominante (Sukenick, 1974: 519).

CONTEXTO 2:   La *matrofobia* se puede considerar la escisión femenina del yo, el deseo de expiar de una vez por todas la esclavitud de nuestras madres, y convertirnos en individuos libres. La madre representa a la víctima que hay en nosotras, a la mujer sin libertad, a la mártir (Rich, 1978: 233).

EQUIVALENTES: In. matrophobia.
               Fr. phobie de la mère.*

REFERENCIAS: Sukenick, 1974 / Showalter, 1985b / Hirsch, 1989 / Rich, 1978.

pensamiento alineado*

Conglomerado de diversas disciplinas, teorías e ideas comunes que trabajan con conceptos que tienen un efecto inmediato —una opresión material— sobre las personas y que son utilizados sin cuestionamiento. Estos conceptos son: "mujer", "hombre", "sexo", "diferencia" e incluso "historia", "cultura" y "real".

Como parte central de estos sistemas —considera Wittig que acuña el término *pensamiento alineado* "parafraseando" a Lévi-Strauss y su "pensamiento salvaje"— se encuentra una relación que por considerarse natural no se analiza, se considera ineluctable: la relación heterosexual, que Wittig denomina "la relación social obligatoria entre el 'hombre' y la 'mujer'. El carácter opresivo del *pensamiento alineado* se revela en su tendencia "a universalizar sus conceptos y convertirlos en leyes generales que pretenden ser ciertas para todas las sociedades, épocas e individuos. Así se habla de *el* intercambio de mujeres, *la* **diferencia** entre los sexos, *el* orden simbólico, *el* inconsciente, deseo, goce (*jouissance*), cultura, historia, dándole un sentido absoluto a estos conceptos, cuando sólo son categorías fundadas sobre la heterosexualidad o sobre un pensamiento que produce la **diferencia** entre los sexos como un dogma político o filosófico" (Wittig, 1980).

CONTEXTO 1:   La consecuencia de esta tendencia hacia la universalidad es que el *pensamiento alineado* no puede concebir que exista una cultura [...] en la que no sea la heterosexualidad la que ordena no sólo todas las relaciones humanas, sino también su misma producción de conceptos y asimismo todos los procesos que escapan a la conciencia (Wittig, 1980: 107).

CONTEXTO 2:   Por lo tanto, el marco de referencia feminista [...] no puede ser ni "el hombre" ni "la mujer", pues ambos son construcciones de un discurso centrado en lo masculino, ambos son producto del "*pensamiento alineado*" (Lauretis, 1986b: 13).

SINÓNIMOS: "Mentalidad lineal" trad. en Lauretis, 1991. El primer elemento del término en inglés, que en la versión en francés se conserva (*Questions Féministes*, núm. 7 [1980]), juega con el significado coloquial de "straight": conservador, por un lado y no homosexual, por otro (cf. Spears, 1989: 371). "Mentalidad lineal" no conserva ninguna de las connotaciones del inglés, a la vez que se pierde la relación con el término "pensamiento salvaje" de Lévi-Strauss que Wittig subraya. Por ello propongo *pensamiento alineado* que por lo menos hace alusión a la acepción de "conservador" que posee "straight".

OBSERVACIONES: Véase heterosexualidad obligatoria.

EQUIVALENCIAS: In. straight mind.
Fr. la pensée straight.

REFERENCIAS: Wittig, 1980 / Lauretis, 1987: 17-18, 25, 144 / Lauretis, 1991: 258.
Sobre la obra y el pensamiento de Monique Wittig, v. Crowder, 1984 / Jones, 1981 / Stanton, 1980 / Butler, 1990a. Los ensayos de Wittig están reunidos en *The straight mind and other essays*, Beacon Press, Boston, 1992.

política sexual

Kate Millet crea el término en su obra *Sexual politics* (1969) a partir de la afirmación de que las relaciones sexuales entre hombres y mujeres no se llevan a cabo en el vacío sino que "El coito [...] se halla tan firmemente arraigado en la amplia esfera de las relaciones humanas que se convierte en un microcosmos representativo de las actitudes y valores aprobados por la cultura" (Millet, 1975: 31).

Millet define "política" como "el conjunto de relaciones y compromisos estructurados de acuerdo con el poder, en virtud de los cuales un grupo de personas queda bajo el control de otro grupo". En lo que se refiere al segundo elemento del término, Millet considera que las relaciones de poder deben estudiarse "en función del contacto y de la interacción personal que surge entre los miembros de determinados grupos coherentes y claramente delimitados", estos grupos serían los delimitados por la pertenencia a una raza, casta, clase o sexo (Millet, 1975: 32). Así la *política sexual* sería la dominación que ejerce el grupo de los hombres sobre el grupo de las mujeres, los grupos delimitados por el sexo. La *política sexual* gozaría de aprobación universal debido al "carácter patriarcal de nuestra sociedad y de todas las civilizaciones históricas" (Millet, 1975: 33). Es necesario aclarar que el concepto de Millet pretende describir una situación, no plantear la inmutabilidad de la *política sexual*: "Para que el sexo pueda retirarse del áspero terreno de la política es imprescindible que creemos un mundo algo más llevadero que el desierto que habitamos hoy en día" (Millet, 1975: 475).

Millet utilizó su concepto para el análisis de obras literarias, considerando, primero, que la literatura es reflejo de la vida real y, segundo, que la posición política de un texto puede "determinarse legítimamente" a partir de la intención implícita del autor (Mills, 1989: 46). Estos serían los puntos débiles de su metodología, y una de las razones por las que se ha criticado tanto su concepto como su análisis.

El reduccionismo de Millet al considerar al patriarcado como una institución monolítica y a la ideología sexual una especie de "complot consciente" cuyo objetivo es la opresión —en todos los niveles— de las mujeres, junto con los puntos débiles mencionados arriba llevan a Toril Moi a decir que *política sexual* no debe tomarse como modelo "por posteriores generaciones de críticas feministas" (Moi, 1988: 44).

Lynne Pearce, en cambio, propone "redefinir la crítica *política sexual* como un método feminista de lectura *positivo*", que podría utilizarse para analizar los textos que han "*desafiado* la opresión patriarcal". Dentro de una posición marxista-feminista, Pearce considera que para salvar los escollos a los que Millet no pudo escapar, bastaría con trasladar la responsabilidad de una lectura *política sexual* al lector en vez de hablar de intención del autor y, en segundo lugar, reconocer que el texto "produce, reproduce y transforma" la ideología en vez de afirmar que simplemente la refleja (Mills, 1989: 48).

CONTEXTO 1:   El dedicar gran parte de su libro a analizar los modelos de subversión en las obras de otras escritoras perjudicaría inconscientemente sus propias tesis sobre la naturaleza despiadada, envolvente y monolítica de la *política sexual* (Moi, 1988: 40).

CONTEXTO 2:   En los últimos años, la crítica literaria que se ocupa de la mujer ha ido mucho más allá de la *política sexual* para incluir la resurrección de escritoras "perdidas"; la reinterpretación de escritoras reconocidas [...] y la incorporación de metodologías provenientes de la crítica marxista y estructuralista (Showalter, 1975: 436).

EQUIVALENTES: In. sexual politics.
Fr. politique sexuelle.

REFERENCIAS: Millet, 1975 / Mills, 1989: 16-50/ Moi, 1988: 38-44 / Spacks, 1980: 36-43.

semiótico (lo)

Concepto creado por Julia Kristeva en *La Revolution du langage poétique* (1974), a partir del significado etimológico del griego *semeion*, marca distintiva. Para el desarrollo de este concepto Kristeva recreó otros, como *chora*, acuñó genotexto y fenotexto, y tomó algunas conceptualizaciones de las teorías de Freud, Lacan y Melanie Klein.

Lo semiótico es un estadio anterior a la adquisición de cualquier tipo de lenguaje —en este sentido equivalente al Imaginario de Lacan, excepto porque *lo semiótico* funciona en la etapa anterior a la etapa del espejo (cuando la/el niña/o reconoce su imagen en un espejo). La segunda es lo simbólico, equivalente a lo Simbólico de Lacan, estadio en el que se adquiere el lenguaje, que ordena la experiencia, excepto porque entre *lo semiótico* y lo simbólico Kristeva ubica otra etapa, la tética, como precondición para la instauración del lenguaje, para la constitución de la significación. Al acceder al Orden Simbólico, según Lacan, se reprimen las experiencias del Imaginario no articulables por el lenguaje. Para Kristeva la fase tética, en la que se resolvería el complejo de Edipo, implica no una represión sino una posición por la que se pasa, como problema, trauma, drama, y que permitirá que *lo semiótico* vuelva para articularse a través de lo simbólico. Todo proceso de significación producido por un sujeto está constituido a la vez por *lo semiótico* y lo simbólico.

La modalidad semiótica es organizada por los "procesos primarios" descritos por Freud, que "desplazan y condensan energías y sus inscripciones, pero también por las relaciones que conectan las zonas del cuerpo fragmentado entre sí y con 'objetos' y 'sujetos' 'externos' todavía no constituidos como tales". Las pulsiones, cargas de energía así como marcas psíquicas, articulan lo que Kristeva llama *chora* (término del *Timeo* de Platón). La *chora* semiótica es una articulación, no una posición, aunque es generada para alcanzar una posición de significancia. La *chora* es maternal y nutricia, no unificada, es anterior a la evidencia, la verosimilitud, la espacialidad y la temporalidad, es ruptura y articulaciones: ritmo. La *chora* se ordena por la mediación de *lo semiótico*, etapa preedípica que precede al signo y a la sintaxis, dominada por las pulsiones y mediada por el cuerpo de la madre (Kristeva, 1986c: 91-95).

Kristeva aclara que sólo con fines teóricos plantea la anterioridad de *lo semiótico* a lo simbólico, puesto que de hecho "*lo semiótico* funciona dentro de las prácticas de significación como resultado de una transgresión de lo simbólico" y sin lo simbólico no obtendría "la articulación compleja con la que lo asociamos en las prácticas musical y poética".

Para analizar el funcionamiento de los textos, Kristeva propone los conceptos de "genotexto" y "fenotexto". El genotexto incluye procesos semióticos, pero también el advenimiento de lo simbólico; no es lingüístico, es más bien "un *proceso* que tiende a articular estructuras que son etéreas (inestables, amenazadas por cargas pulsionales, '*quanta*' más que marcas) y no significantes (elementos que no poseen una doble articulación)". El fenotexto, por su parte, "es una estructura (que puede ser generada, en el sentido de la gramática generativa); obedece las reglas de la comunicación y presupone un sujeto de la enunciación y un receptor" (Kristeva, 1986c: 121).

Todo proceso de significación comprende tanto al genotexto como al fenotexto, pero no toda práctica de significación abarca la totalidad de dicho proceso: "sólo ciertos textos literarios de la vanguardia (Mallarmé, Joyce) alcanzan a cubrir[lo], es decir llegan hasta la *chora* semiótica, que modifica las estructuras lingüísticas" (Kristeva, 1986c: 122).

Terry Eagleton presenta la aplicación del concepto al análisis literario del siguiente modo: "Julia Kristeva considera este 'lenguaje' de *lo semiótico* como un medio para socavar el [O]rden simbólico. En los escritos de algunos de los poetas simbolistas franceses y de otros escritores de vanguardia, los significados relativamente estables del lenguaje 'ordinario' se ven acosados y [quebrantados] por esta corriente de significación [que] establece un juego de impulsos inconscientes en el texto [y] amenaza con hacer naufragar los significados sociales aceptados. *Lo semiótico* es fluido y plural [...] esta literatura se convierte en una especie de equivalente en el reino del lenguaje de lo que la revolución representa en la esfera política. [...] *Lo semiótico* trastoca todas las divisiones estrictas entre masculino y femenino (en una manera 'bisexual' de escribir), y promete desconstruir todas las oposiciones escrupulosamente binarias —propio/impropio, norma/desviación, cuerdo/loco, mío/tuyo, autoridad/obediencia— mediante las cuales sobreviven las sociedades como la nuestra" (Eagleton, 1988: 223-224).

La modalidad semiótica ha sido ligada al modo en que escriben las mujeres, pues ambos son procesos marginales o reprimidos por lo simbólico, que representa a lo paterno, al reino del Nombre-del-Padre de Lacan. Se relaciona asimismo a la mujer con *lo semiótico* porque éste equivale al "estado de desarrollo psíquico en que el infante percibe al mundo a través de los ritmos, melodías y gestos del cuerpo de la madre" (Eisenstein, 1980: 112). Por otro lado, "las mujeres, para Kristeva, hablan y escriben como 'histéricas', como desde fuera del discurso dominado por el hombre, por dos razones: la predominancia en ellas de pulsiones relacionadas con la analidad y el parto, y su posición marginal con respecto de la cultura masculina" (Jones, 1981: 249).

La resistencia a aceptar este concepto de Kristeva en relación con la escritura de mujeres, se refiere a que el sinsentido y balbuceo onomatopéyico (la repetición de fonemas que produce una semántica polimorfa [Kristeva, 1974a: 222]) característico de *lo semiótico* les parece a muchas críticas una negación de la posibilidad de las mujeres de expresarse en un lenguaje teórico o simplemente sensato. Así, por ejemplo, Mary Jacobus, interpreta *lo semiótico* y su relación con lo femenino como un rechazo a acceder al discurso, lo que "reinscribiría lo femenino como [..] locura marginal o simplemente como un sinsentido" (Jacobus, 1986c: 29). Sin embargo, Kristeva aclara que *lo semiótico* no existe sino por intermediación del proceso significativo que incluye lo simbólico. Es decir, no se presenta nunca "puro", sino que es una presencia indefinible, imposible de atrapar, que moviliza a un texto hacia un resquebrajamiento de las reglas, de las oposiciones binarias y de la oposición hombre/mujer.

Algunas críticas, como Andrea Nye, recuperan el potencial "revolucionario" del concepto de *lo semiótico*, como una propuesta creativa y móvil. Así, dice Nye: "El poeta transgrede las reglas de la gramática y de la realidad. [Esto] es necesario, argumenta Kristeva, para revitalizar un discurso siempre tendiente al automatis-mo y al efecto embrutecedor de un ordenamiento que define las vidas de las mujeres de maneras rígidamente predecibles: como madres, amas de casa, objetos sexuales. Al mismo tiempo, el o la poeta, una vez que rompe las fronteras del lenguaje normal, no puede permanecer en la región salvaje semiótica sin arriesgarse a una regresión, hacia la psicosis o el infantilismo. Incluso el o la poeta debe volver a las estructuras simbólicas" (Nye, 1987: 673).

CONTEXTO 1:   Habría que aclarar que aunque Kristeva aprueba a los escritores modernistas como Joyce por proyectar *lo semiótico* hasta la superficie del texto, no recomienda que se debería abandonar el ámbito de lo simbólico. La inmersión total en *lo semiótico* es la locura. Juan Cariño, [personaje de] Garro [en *Los recuerdos del porvenir*], quien vive en el ámbito materno/sexual (degradado) del prostíbulo, y para quien el lenguaje no "significa" sino que "es", representa un buen ejemplo (Kaminsky, 1993: 151, n. 16).

CONTEXTO 2:   Josefina Ludmer afirma que "la **escritura femenina** no existe como categoría porque toda escritura es asexual, bisexual, omnisexual". Como mejor entiendo esta afirmación, es relacionándola con las teorizaciones de Julia Kristeva: acordando con ellas que —más allá de los condicionamientos biológico sexuales y psicosociales que definen el sujeto autor e [influyen sobre] ciertas modalidades de comportamiento cultural y público— la escritura pone en movimiento el cruce interdialéctico de varias fuerzas de subjetivación. [...] Ciertas experiencias límite de la escritura que se aventuran en el borde más explosivo de los códigos, como sucede con las vanguardias y neovanguardias literarias, desatan dentro del lenguaje la pulsión heterogénea de *lo semiótico*-femenino que revienta el signo y transgrede la clausura paterna de las significaciones monológicas, abriendo la palabra a una multiplicidad de flujos contradictorios que ritman el quiebre sintáctico (Richard, 1993: 35).

OBSERVACIONES: Véase escritura femenina.

EQUIVALENTES: In. the semiotic.
     Fr. le sémiotique.

REFERENCIAS: Kristeva, 1974a / Kristeva, 1986c / Marks, 1978 / Stanton, 1980 / Jones, 1981 / Moi, 1988: 168 ss. / Eagleton, 1988: 222-226 / Jardine, 1986 / Richard, 1993. Para una aplicación de *lo semiótico* al análisis de *Cumbres Borrascosas*, v. Mills, 1989: cap. 6.

sistema de sexo/género

"[C]onjunto de disposiciones por el que una sociedad transforma la sexualidad biológica en productos de la actividad humana, y en el cual se satisfacen esas necesidades humanas transformadas" de maneras impuestas por convenciones que son específicas para cada sociedad, pero que siempre implican una estratificación por géneros (Rubin, 1986: 97, 102, 105).

Gayle Rubin crea el término ("The traffic in women: notes on the 'political economy' of sex", 1975) para hablar de un "aparato social sistemático" que produce y reproduce la opresión y subordinación de las mujeres. Rubin encuentra las claves del funcionamiento de este aparato social en su lectura "idiosincrática y exégetica de Lévi-Strauss y Freud" (lectura durante la que se centra en el intercambio de mujeres esencial para el establecimiento de sistemas de parentesco de Lévi Strauss, y en la resolución del complejo de Edipo en la niña, de Freud, Lampl de Groot, Deutsch y Lacan). Encuentra que en sus obras se describen —sin que ninguno de los teóricos los cuestione— "los tipos de relaciones de sexualidad establecidos en el remoto pasado humano [que] todavía dominan nuestras vidas sexuales, nuestras ideas sobre los hombres y las mujeres y los modos [en que] educamos a nuestros hijos" (Rubin, 1986:131). Las implicaciones de los procesos que describen no son examinados por Lévi-Strauss y Freud, pero "proporcionan los instrumentos conceptuales con que podemos constituir descripciones de la parte de la vida social que es la sede de la opresión de las mujeres, las minorías sexuales y algunos aspectos de la personalidad humana en los individuos" (Rubin, 1986: 97).

El *sistema de sexo/género* estaría conformado por ideas, normas y convenciones que han llegado a alcanzar el estatuto de leyes naturales sobre la sexualidad y el desarrollo y comportamiento de hombres y mujeres. Leyes que fuerzan a éstas, pero también a los hombres, a cumplir con papeles que según Rubin no cumplen ya, en este momento histórico y cultural, con ninguna otra función que no sea la de reproducir al mismo *sistema de sexo/género*. Si en cierto momento histórico este *sistema de sexo/género* desempeñaba la función de orga-

84

nizar la sociedad, hoy en día sería necesario que el feminismo intentara "resolver la crisis edípica de la cultura reorganizando el campo del sexo y el **género** de modo que la experiencia edípica de cada individuo sea menos destructiva" (Rubin, 1986:130). Rubin enumera los aspectos sociales y culturales que deberían modificarse para que "el drama edípico" pase a ser una reliquia: 1) el cuidado de los hijos debería estar a cargo del padre y la madre para que la elección de objeto primaria sea bisexual; 2) la **heterosexualidad obligatoria** debería desaparecer para que no sea necesario que la niña suprima su primer amor por una mujer (la madre) y de modo que el pene deje de ser sobrevalorado; 3) habría que emprender la reorganización del sistema de propiedad sexual de modo que los hombres no tengan derechos superiores a los de las mujeres; 4) habría que luchar por la desaparición del "chaleco de fuerza del género" (Rubin, 1986: 131).

El *sistema de sexo/género* no se "marchitará" por sí solo; para Rubin, únicamente la acción política podrá promover su reorganización. El objetivo sería una sociedad sin división sexual y sin géneros: "el movimiento feminista tiene que soñar con algo más que la eliminación de la opresión de las mujeres: tiene que soñar con la eliminación de las sexualidades y los papeles sexuales obligatorios" (Rubin, 1986: 135).

La propuesta de Rubin de un concepto analítico que intenta desmantelar los mecanismos mediante los cuales la sociedad mantiene oprimidas a las mujeres, incluye un llamado a la acción para "reorganizar" el *sistema de sexo/género* y de este modo, trasladando el objetivo del marxismo al feminismo propone una sociedad "sin géneros", es decir una sociedad en la que las diferencias no conduzcan inevitablemente a la instauración de desigualdades. La desaparición del **género** como proyecto del feminismo, o de la imposición de comportamientos y actitudes considerados los adecuados para el sexo masculino y femenino —que, por otra parte, deja fuera la posibilidad de otros sexos/sexualidades— debería dar paso al diseño de maneras en las que el género pudiera construirse de modo que hombres y mujeres individuales puedan gozar de un espectro más amplio de elecciones (véase Offen, 1990).

En un trabajo posterior Rubin (1984) revisa su conceptualización de sexo-sexualidad; considera que sexo y **género** no deben entenderse como términos equivalentes, puesto que a pesar de estar relacionados son independientes. Una teoría sobre la sexualidad como "deseo erótico" no se deriva de una teoría del **género**, de hecho "es esencial separar analíticamente sexualidad y **género** para poder reflejar más cabalmente su existencia social separada". Aquí tampoco habla ya de su deseo de que desaparezcan los géneros; le parece que tiene mayor

importancia cuestionar los supuestos sociales sobre la sexualidad
—sobre homosexualidad, heterosexualidad, prostitución—, denunciar
la "injusticia erótica y la opresión sexual", crear un "cuerpo de
pensamiento preciso, humano y genuinamente liberador sobre la
sexualidad". A pesar de que ella rechace su anterior conceptualización, se podría ver su contribución a "una teoría radical de la política
de la sexualidad" como una extensión del análisis primero de las
implicaciones del *sistema de sexo/género* como "la sede de la opresión
de las mujeres, las minorías sexuales y algunos aspectos de la personalidad humana en los individuos" (Rubin, 1986: 97).

En cuanto al traslapamiento semántico de ciertos términos, vale
la pena señalar que Rubin utiliza sexo y sexualidad como sinónimos,
lo que por momentos puede producir confusión, ya que "sexo" generalmente se entiende como "sexo biológico", hembra o macho, y así
lo utiliza a veces Rubin, mientras que en otros momentos, como en el
mismo término *"sistema de sexo/género"* se refiere a la sexualidad
entendida en su sentido más amplio, como una práctica —regulada por
convenciones culturales— y como una estructura psíquica —simbólica.

CONTEXTO 1:   El pensamiento crítico feminista utiliza diversos métodos,
pero tiene como fundamento por los menos cuatro supues-
tos: 1. que el *sistema de sexo/género* es una categoría primordial para el análisis de textos; 2. que todo acto de producción y recepción cultural se lleva a cabo en un contexto
social, histórico y económico; 3. que dentro de estos contextos los individuos de los grupos dominantes marcados
por sexo, clase y raza tienen mayor control sobre sus vidas
que aquellos que pertenecen a los grupos dominados, y
4. que puesto que los actos de crítica ocurren en el contexto de estas diferencias de poder, nunca son desinteresados
(Allen, 1987: 280).

CONTEXTO 2:   · En el feminismo de Rich la feminista busca continuidad
entre su propia experiencia vivida dentro de las estructuras
opresivas del patriarcado (marcadamente occidental) y la
experiencia de otras mujeres, ya sean lesbianas o negras,
sufragistas o lavanderas, mexicanas o anglosajonas (omitien-
do que el *sistema de sexo/género* se conforma de muchas
maneras distintas[...]) porque esencialmente *somos mujeres*
sometidas al silencio [..] y es, precisamente, este *ser mujer*,
esa esencia femenina universal lo que ha permanecido
mudo y por lo tanto es inefable (Golubov, 1993: 27).

OBSERVACIONES: Véase género, diferencia sexual.

SINÓNIMOS: Sistema sexo-género, sistema sexo/género.

EQUIVALENTES: In. sex/gender system.
Fr. systeme de sexe/genre.*

REFERENCIAS: Rubin, 1986 y 1984 / Izquierdo, 1983 / Offen, 1990.
Para un análisis histórico literario de la relación entre género y clase, v. Newton, 1987.

BIBLIOGRAFÍA

Abbandonato, Linda (1991), "A View From Elsewhere: *The Color Purple*", en *PMLA*, núm. 5, pp. 1106-115.

Abel, Elizabeth (1981), "(E)Merging Identities: The Dynamics of Female Friendship in Contemporary Fiction by Women", *Signs*, vol. 6, núm. 3, pp. 413-435.

—— (ed.)(1982), *Writing and Sexual Difference*, The University of Chicago Press, Chicago.

—— (1989), *Virginia Woolf and the Fictions of Psychoanalysis*, The University of Chicago Press, Chicago-Londres.

Abrams Meyer, Howard (1988), *A Glossary of Literary Terms*, 5a. ed., Holt, Rinehart and Winston, Forth Worth-Chicago.

Agosín, Marjorie (1986), *Silencio e imaginación. Metáforas de la escritura femenina*, Katún, México.

Alcoff, Linda (1988), "Cultural Feminism Versus Post-Structuralism: The Identity Crisis in Feminist Theory", *Signs*, vol. 13, núm. 3, pp. 405-436.

Allen, Carolyn J. (1987), "Feminist Criticism and Posmodernism", en Joseph Natoli (ed.), *Tracing Literary Theory*, University of Illinois Press, Urbana-Chicago.

Andermatt Conley, Vera (1992), *Hélène Cixous*, University of Toronto Press, Toronto-Buffalo.

Atwood, Margaret (1982), "On Being a 'Woman Writer': Paradoxes and Dilemmas" (1976), en Atwood Margaret, *Second Words. Selected Critical Prose*, Anansi, Toronto, pp. 190-204.

Barrett, Michèle (1981), "Prólogo", en Virginia Woolf, *Las mujeres y la literatura*, Lumen, Barcelona, trad. Andrés Bosch, pp. 9-48.

Baym, Nina (1987), "The Madwoman and Her Languages. Why I Don't Do Feminist Literary Theory", en Benstock Shari (ed.), *Feminist Issues in Literary Scholarship*, Indiana University Press, Bloomington-Indianapolis, pp. 45-61.

Benería, Lourdes y Martha Roldán 1992, *Las encrucijadas de clase y género. Trabajo a domicilio, subcontratación y dinámica de la unidad doméstica en la ciudad de México*, El Colegio de México-FCE, México, trad. Julio Colón Gómez.

Berenguer, Carmen *et al.* (comps.) (1990), *Escribir en los bordes. Congreso internacional de literatura femenina latinoamericana, 1987*, Editorial Cuarto Propio, Santiago de Chile.

Berg, Tema F. *et al.* (eds.) (1989), *Engendering the Word. Feminist Essays in Psychosexual Poetics*, University of Illinois Press, Urbana-Chicago.

Bjorhovde, Gerd (1987), *Rebellious Structures. Women Writers and the Crisis of the Novel 1880-1900*, Norwegian University Press.

Bonner, Francis *et al.* (eds.) (1992), *Imagining Women. Cultural Representations and Gender*, Polity Press-The Open University, Cambridge-Oxford.

Bradu, Fabienne (1987), *Señas particulares: escritora*, FCE, México.

Brodzki, Bella (1985), "'She Was Unable Not To Think': Borges 'Emma Sunz' and the Female Subject", *MLN*, vol. 100, núm. 2, pp. 330-347.

Bulkin, Elly (1981), "Introduction: A Look at Lesbian Short Fiction", en Bulkin, Elly (ed.) *Lesbian Fiction: An Anthology*, Persephone Press, Watertown, MA.

Burke, Carolyn (1978), "Report From Paris: Women's Writing and the Women's Movement", *Signs*, vol. 3, núm. 41, pp. 844-855.

—— (1980), "Introduction to Luce Irigaray's 'When Our Lips Speak Together'", *Signs*, vol. 6, núm. 1, pp. 66-79.

Butler, Judith (1990a), "Gender Trouble, Feminist Theory, and Psychoanalytic Discourse", en Linda Nicholson (ed.), *Feminism/Posmodernism*, Routledge, Nueva York-Londres, pp. 324-340 (hay traducción al español: "Problemas de los géneros, teoría feminista y discurso psicoanalítico", en Linda Nicholson (comp.), *Feminismo/ Posmodernismo*, Feminaria Editora, Buenos Aires, 1992, trad. Márgara Averbach, pp. 78-95).

—— (1990b), *Gender Trouble. Feminism and the Subversion of Identity*, Routledge, Nueva York-Londres.

Cámara, Madeline (1992), "Luce Irigaray, desde Derrida", *La Jornada Semanal*, núm. 166, 16 de agosto, pp. 43-46.

Casares, Julio (1959), *Diccionario ideológico de la lengua española*, Gustavo Gili, Barcelona.

Castro Klarén, Sara (1985), "La crítica literaria feminista y la escritora en América Latina", en González Patricia Elena y Eliana Ortega (eds.), *La sartén por el mango. Encuentro de escritoras latinoamericanas*, Eds. Huracán, Río Piedras, pp. 27-46.

Ciplijauskaité, Birute (1988), *La novela femenina contemporánea (1970-1985). Hacia una tipología de la narración en primera persona*, Anthropos, Barcelona.

Cixous, Hélène (1976), "The Laugh of the Medusa" ["Le rire de la Méduse", 1975], *Signs*, vol. 1, núm. 4, pp. 875-881, trad. Keith Cohen y Paula Cohen.

Cixous, Hélène (1981), "Castration or Decapitation?" ["Le sexe ou la tête?", 1976], *Signs*, vol. 7, núm 1, pp. 41-55, trad. A. Kuhn.

—— (1990), *Reading with Clarice Lispector*, ed., trad. e introd. Verena Andermatt Conley, University of Minnesota Press, Minneapolis.

—— y Catherine Clément (1991a), *The Newly Born Woman [La Jeune Née, 1975]*, introd. Sandra Gilbert, trad. Betsy Wing, University of Minnesota Press, Minneapolis, Oxford (Fragmento de "Sorties", el cap. de Cixous, en Elaine Marks e Isabelle de Courtivron (eds.), *New French Feminisms. An Anthology*, The University of Massachusetts Press, Amherst, 1980, pp. 90-98).

—— (1991b), *Coming to Writing and Other Essays*, ed. Deborah Jenson, introd. Susan R. Suleiman, trad. Sarah Cornell *et al.*, Harvard University Press, Cambridge-Londres.

—— (1993), *Three Steps on the Ladder of Writing*, Columbia University Press, Nueva York, trad. Sarah Cornell y Susan Sellers.

Crowder, Diane (1984), "Amazons and Mothers? Monique Wittig, Hélène Cixous and Theories of Women's Writing", *Contemporary Literature*, vol. 24, núm. 2, pp. 117-144.

Culler, Jonathan 1982, *Sobre la deconstrucción. Teoría y crítica después del estructuralismo*, Cátedra, Madrid, trad. Luis Cremades.

Derrida, Jacques (1975), "Le facteur de la verité", *Poetique*, núm. 21, pp. 96-147.

—— (1981), *Espolones. Los estilos de Nietzsche*, Pre-textos, Valencia, trad. M. Arranz Lázaro.

Dio-Bleichmer, Emilce (1992), "Los pies de la ley en el deseo femenino", en Ana María Fernández (comp.), *Las mujeres en la imaginación colectiva. Una historia de discriminación y resistencias*, Paidós, Buenos Aires, pp. 136-146.

Domenella, Ana Rosa (1991), "Una doble mirada, masculina y femenina, en dos casos de novias devueltas", *Casa de las Américas*, vol. 31, núm. 183, pp. 46-50.

Donovan, Josephine (1976-77), "Feminism and Aesthetics", en *Critical Inquiry*, núm. 3, pp. 605-608.

—— (1987), "Toward a Woman's Poetics", en Benstock Shari (ed.), *Feminist Issues in Literary Scholarship*, Indiana University Press, Bloomington-Indianapolis, pp. 98-109.

Draine, Betsy (1989), "Refusing the Wisdom of Solomon: Some Recent Feminist Literary Theory", *Signs*, vol. 15, núm. 1, pp. 144-170.

Duby, Georges y Michelle Perrot (eds.) (1992), *Histoire des femmes en Occident*, t. 1: *Le XXe siècle*, Plon, París.

Durham, Carolyn A. (1992), *The Contexture of Feminism. Marie Cardinal and Multicultural Literacy*, University of Illinois Press, Urbana y Chicago.

Eagleton, Mary (ed.) (1986), *Feminist Literary Theory. A Reader*, Basil Blackwell, Gran Bretaña.

Eagleton, Terry (1988), *Una introducción a la teoría literaria*, FCE, México, trad. José Esteban Calderón.

Echols, Alice (1984), "The Taming of the Id: Feminist Sexual Politics, 1968-83", en Carole Vance (ed.), *Pleasure and Danger: Exploring Female Sexuality*, Routledge & Kegan Paul, Boston, pp. 50-72.

Ecker, Gisela (ed.) (1985), *Feminist Aesthetics*, Beacon Press, Boston, trad. Harriet Anderson.

Eisenstein, Hester y Alice Jardine (eds.) (1980), *The Future of Difference*, G.K. Hall, Boston.

Ellman, Mary (1968), *Thinking About Women*, Harcourt, Brace and World, Nueva York.

Felman, Shoshana (1993), *What Does a Woman Want? Reading and Sexual Difference*, The Johns Hopkins University Press, Baltimore-Londres.

Ferré, Rosario (1986), *Sitio a Eros*, 2a. ed., Joaquín Mortiz, México.

Fetterley, Judith (1978), *The Resisting Reader. A Feminist Approach to American Fiction*, Indiana University Press, Bloomington-Londres.

Flax, Jane (1987), "Postmodernism and Gender Relations in Feminist Theory", *Signs*, vol. 12, núm. 4, pp. 621-643.

Freud, Sigmund (1973a), "La feminidad", *Nuevas lecciones introductorias al psicoanálisis*, en *Obras completas*, Biblioteca nueva, Madrid, trad. Luis López-Ballesteros, t. 2, pp. 3164-3178.

—— (1973b), "Sobre la psicogénesis de un caso de homosexualidad femenina" (1920), en *Obras completas*, Biblioteca Nueva, Madrid, trad. Luis López-Ballesteros, t. 2 pp. 3077-3089.

—— (1973c), "La cabeza de Medusa", en *Obras completas*, Biblioteca Nueva, Madrid, trad. de Luis López-Ballesteros, t. 2, p. 2697.

—— (1989), *Tres ensayos sobre teoría sexual*, Alianza Ed., México, trad. Luis López-Ballesteros

Friedman, Susan (1989), "Creativity and the Childbirth Metaphor: Gender Difference in Literary Discourse", en Elaine Showalter (ed.), *Speaking of Gender*, Routledge, Nueva York, pp. 73-100.

Frith, Gill (1993), "Writing and Language: Making the Silences Speak", en Diane Richardson y Victoria Robinson (eds.), *Thinking Feminist. Key Concepts in Women's Studies*, The Guilford Press, Nueva York, pp. 151-176.

Fuss, Diana (1989), "Reading Like a Feminist", *Differences*, núm. 2, pp. 77-92.

Garret, Stephanie (1987), *Gender*, Tavistock Publications, Londres.

Gilbert, Sandra y Susan Gubar (1979), *The Madwoman in the Attic. The Woman Writer and the Nineteenth-Century Literary Imagination*, Yale University Press, New Haven-Londres.

—— (1988), "Sexchanges", *College English*, vol. 50, núm. 7, pp. 768-785.

—— (1989), "The Mirror and the Vamp: Reflections on Feminist Criticism", en Ralph Cohen (ed.), *The Future of Literary Theory*, Routledge, Nueva York-Londres, pp. 144-166.

Godard, Barbara (1985), "Redrawing the Circle. Power, Poetics, Language", *Canadian Journal of Political and Social Theory*, núm. 1-2, pp. 165-181.

Golubov, Nattie (1993), *De lo colectivo a lo individual. La crisis de identidad de la teoría literaria feminista*, Universidad Pedagógica Nacional, México (Los Cuadernos del Acordeón, núm. 24).

—— (1994), "La crítica literaria feminista contemporánea: entre el esencialismo y la diferencia", en *Debate feminista*, núm. 9, pp. 116-126.

González, Patricia E. y Eliana Ortega (eds.) (1985), *La sartén por el mango. Encuentro de escritoras latinoamericanas*, Eds. Huracán, Río Piedras (Puerto Rico).

Gordon, Linda (1986), "What's New in Women's History", en Teresa de Lauretis (ed.) *Feminist Studies/Critical Studies*, Indiana University Press, Bloomington, pp. 20-30.

Green, Gayle (1991), "Feminist Fiction and the Uses of Memory", *Signs*, vol. 16, núm 2, pp. 290-321.

Gubar, Susan (1981), "'The Blank Page' and the Issues of Female Creativity", *Critical Inquiry*, núm. 8, pp. 243-264.

Guerra Cunningham, Lucía (1987), "Visión de lo femenino en la narrativa de María Luisa Bombal: una dualidad contradictoria del ser y el deber-ser", en Lucía Guerra C., *Texto e ideología en la narrativa chilena*, The Prisma Institute, Mineápolis, pp. 151-167.

—— (1990), "Silencios, disidencias y claudicaciones: los problemas teóricos de la nueva crítica feminista", en Carmen Berenguer *et al.* (comps.), *Escribir en los bordes. Congreso Internacional de Literatura Femenina Latinoamericana, 1987*, Editorial Cuarto Propio, Santiago de Chile, pp. 73-83.

—— (1994a), "La problemática de la representación en la escritura de la mujer", en *Debate Feminista*, núm. 9, pp. 183-192.

—— (1994b), *La mujer fragmentada: historias de un signo*, Casa de las Américas-Instituto Colombiano de Cultura, La Habana-Bogotá.

Harding, Sandra (1986), "The Instability of the Analytical Categories of Feminist Theory", *Signs*, vol. 11, núm. 4, pp. 645-664.

Heath, Stephen (1978), "Difference", en *Screen*, núm. 3, pp. 51-112.

Heilbrun, Carolyn G. (1980), "Androgyny and the Psychology of Sex Differences", en Eisenstein, Hester y Alice Jardine (eds.), *The Future of Difference*, G.K. Hall, Boston.

—— (1982), *Toward a Recognition of Androgyny* (1973), Norton, Nueva York-Londres.

Hirsch, Marianne (1989), *The Mother/Daughter Plot. Narrative, Psychoanalysis, Feminism*, Indiana Univesity Press, Bloomington-Indianapolis.

Humm, Maggie (1990), *The Dictionary of Feminist Theory*, Ohio State University Press, Columbus.

Husserl-Kapit, Susan (1975), "An Interview With Marguerite Duras", *Signs*, vol. 1, núm. 2, pp. 423-434.

Irigaray, Luce (1974), *Speculum de l'autre femme*, Minuit, París (hay traducción al español: *Speculum. Espéculo de la otra mujer*, Saltés, Madrid, 1978, trad. Baralides Alberdi).

—— (1977), *Ce sexe qui n'en est pas un*, Minuit, París (hay traducción al español: *Ese sexo que no es uno*, Saltés, Madrid, 1982, trad. Silvia Tubert).

—— (1980), "When Our Lips Speak Together" ["Quand nos lèvres se parlent", 1977], *Signs*, vol. 6, núm 1, pp. 69-79, trad. Carolyn Burke.

—— (1981), "And the One Doesn't Stir Without the Other" [*Et le une ne bouge sans l'autre*, 1979], *Signs*, vol. 7, núm. 1, trad. Hélène Vivienne Wenzel, pp. 60-67.

—— (1984), *Ethique de la différence sexuelle*, Minuit, París.

—— (ed.) (1990), *Sexes et genres à travers les langues. Eléments de Communication Sexuée*, Bernard Grasset, París.

—— (1992), *Yo, tú, nosotras*, Cátedra-Universidad de Valencia-Instituto de la Mujer, Madrid, trad. Pepa Linares.

Izquierdo, Ma. Jesús (1983), *Las, los, les (lis, lus). El sistema sexo/género y la mujer como sujeto de transformación social*, la Sal Edicions de les Dones, Barcelona.

Jacobus, Mary (ed.) (1979), *Women Writing and Writing About Women*, Barnes and Noble, Nueva York.

—— (1981), Reseña de *The Madwoman in the Attic y Shakespeare's Sisters* de Gilbert y Gubar, *Signs*, vol. 6, núm 3, pp. 517-523.

—— (1986a), "Is There a Woman in This Text?", en Mary Jacobus, *Reading Woman. Essays on Feminist Criticism*, Columbia University Press, Nueva York.

—— (1986b), *Reading Woman. Essays on Feminist Criticism*, Columbia University Press, Nueva York.

—— (1986c), "The Difference of View", en Mary Jacobus, *Reading Woman. Essays on Feminist Criticism*, Columbia University Press, Nueva York, pp. 27-40.

Jardine, Alice (1981), "Introduction to Julia Kristeva's 'Women's Time'", *Signs*, vol. 7, núm. 1, pp. 5-12.

—— (1985), *Gynesis. Configurations of Woman and Modernity*, Cornell University Press, Ithaca-Londres.

—— (1986), "Opaque Texts and Transparent Contexts: The Political Difference óf Julia Kristeva", en Nancy Miller (ed.), *The Poetics of Gender*, Columbia University Press, Nueva York, pp. 96-116.

Jehlen, Myra (1981), "Archimedes and the Paradox of Feminist Criticism", *Signs*, vol. 6, núm. 4, pp. 575-601.

Jofré, Manuel Alcides (1990), "El estilo de la mujer", en Carmen Berenguer *et al.* (1990), *Escribir en los bordes*, Congreso Latinoamericano de Literatura Femenina Latinoamericana, Cuarto Propio, Santiago de Chile, pp. 53-71.

Jones, Ann Rosalind (1981), "Writing the Body: Toward an Understanding of l'ecriture féminine", *Feminist Studies*, vol. 7, núm. 2, pp. 247-263.

Kaminsky, Amy (1993), *Reading the Body Politic. Feminist Criticism and Latin American Women Writers*, University of Minnesota Press, Minneapolis-Londres.

Kavanagh, James (1985), *Emily Brontë*, Basil Blackwell.

Kirkpatrick, Susan (1989), *Las Románticas. Women Writers and Subjectivity in Spain, 1835-1850*, University of California Press, Berkeley-Los Ángeles-Londres (hay traducción al español: *Las románticas. Escritoras y subjetividad en España, 1835-1850*, Cátedra-Universidad de Valencia-Instituto de la Mujer, Madrid, 1991, trad. Amaia Bárcena).

Kolodny, Annette (1980a), "A Map for Rereading: Or Gender and the Interpretation of Literary Texts", *New Literary History*, vol. 11, núm 3, pp. 451-468.

—— (1980b), "Reply to Commentaries: Women Writers, Literary Historians and Martian Readers", *New Literary History*, vol. 11, núm. 3, pp. 587-592.

—— (1975-1976), "Some Notes on Defining a 'Feminist Literary' Criticism", *Critical Inquiry*, núm. 2, pp. 75-92.

Kristeva, Julia (1974a), *La révolution du langage poétique. L'avant-garde à la fin du XIXe siècle: Lautremont et Mallarmé*, Editions du Seuil, París.

—— (1974b), "La femme, ce n'est jamais ça", en *Tel Quel*, vol. 59, (automne), pp. 18-29.

—— (1981), "Women's Time" ["Le temps des femmes", 1979], *Signs*, vol. 7, núm. 1, pp. 13-35, trad. Alice Jardine y Harry Blake.

—— (1986a), *Al comienzo era el amor. Psicoanálisis y fe*, Gedisa, Buenos Aires, trad. Graciela Klein.

—— (1986b), "About Chinese Women", en *The Kristeva Reader*, Toril Moi (ed.), Columbia University Press, Nueva York, trad. Seán Hand, pp. 138-159.

—— (1986c), "Revolution in Poetic Language", en *The Kristeva Reader*, Toril Moi (ed.), Columbia University Press, Nueva York, trad. Margaret Waller, pp. 89-136.

—— (1992), "¿Cómo vivir con los hombres? Entrevista de Yves Roucaute", *El Nacional*, 24 de septiembre (tomado de *L'Evenement de Jeudi*, agosto de 1992, trad. de Jan Patula).

Kuhn, Annete (1981), "Introduction to Hélène Cixous's 'Castration or Decapitation?'", *Signs*, vol. 7, núm. 1, pp. 36-40.

Lacan, Jacques (1988a), "La significación del falo" (1958), en *Escritos 2*, Siglo XXI, México, trad. Tomás Segovia, pp. 665-675.

(1988b), "Ideas directivas para un congreso sobre sexualidad femenina" (¿1958?), en *Escritos 2*, Siglo XXI, México, trad. Tomás Segovia, pp. 704-715.

Lamas, Marta (1986), "La antropología feminista y la categoría 'género'", *Nueva Antropología*, núm. 30, pp. 173-198.

—— (1993), "Algunas dificultades en el uso de la categoría género", ponencia presentada en el XIII Congreso Internacional de Ciencias Antropológicas y Etnológicas, julio-agosto.

—— (1994), "Cuerpo: diferencia sexual y género", *Debate feminista*, núm. 10.

—— y Frida Saal (1991), *La bella (in)diferencia*, Siglo XXI, México.

Lamphere, Louise (1991), "Feminismo y antropología", en Carmen Ramos Escandón (comp.), *El género en perspectiva: de la dominación universal a la representación múltiple*, UAM-I, México, trad. Gloria Elena Bernal, pp. 279-309.

Lauretis, Teresa de (ed.) (1986a), *Feminist Studies/Critical Studies*, Indiana University Press, Bloomington.

—— (1986b), "Feminist Studies. Critical Studies: Issues, Terms, and Contexts", en *Feminist Studies/Critical Studies*, Indiana University Press, Bloomington, pp. 1-19 (hay traducción al español: "Estudios feministas/estudios críticos: problemas, conceptos y contextos", en Carmen Ramos Escandón (comp.) *El género en perspectiva: de la dominación universal a la representación múltiple*, UAM-I, México, 1991, trad. Gloria Elena Bernal, pp. 165-193).

—— (1987), *Technologies of Gender. Essays on Theory, Film and Fiction*, Indiana University Press, Bloomington-Indianapolis.

—— (1989), "The Essence of the Triangle Or, Taking the Risk of Essentialism Seriously: Feminist Theory in Italy, the U.S. and Britain", *Differences*, núm. 2, pp. 3-37 (hay traducción al español: "La esencia del triángulo o tomarse en serio el riesgo del esencialismo: teoría feminista en Italia, los Estados Unidos y Gran Bretaña", trad. Salvador Mendiola, *Debate feminista*, núm. 2 (1990), pp. 77-115).

—— (1991), "La tecnología del género", en *El género en perspectiva: de la dominación universal a la representación múltiple*, Carmen Ramos Escandón (comp.), UAM-I, México, trad. Gloria Elena Bernal, pp. 231-278.

López González, Aralia (1985), *De la intimidad a la acción. La narrativa de escritoras latinoamericanas y su desarrollo*, UAM-I, México, (Cuadernos universitarios, 23).

—— (1990a), "Dos tendencias en la evolución de la narrativa contemporánea de escritoras mexicanas", en Aralia López González *et al.* (coords.), *Mujer y literatura mexicana y chicana. Culturas en contacto 2*, El Colegio de México-El Colegio de la Frontera Norte, pp. 21-24.

—— Amelia Malagamba y Elena Urrutia (coords.) (1990b), *Mujer y literatura mexicana y chicana. Culturas en contacto 2*, El Colegio de México-El Colegio de la Frontera Norte.

—— (1991), "Nuevas formas de ser mujer en la narrativa contemporánea de escritoras mexicanas", *Casa de las Américas*, vol. 31, núm. 183, pp. 3-8.

Marks, Elaine (1978), "Women and Literature in France", en *Signs*, vol. 3, núm. 4, pp. 832-842.

—— e Isabelle de Courtivran (ed. e introds.) (1990), *New French Feminisms. An Anthology*, The University of Massachusetts Press, Amherst.

Méndez Rodenas, Adriana (1989), "Tradition and Women's Writing: Toward a Poetics of Difference", en Temma F. Berg *et al.* (eds.), *Engendering the Word. Feminist Essays in Psychosexual Poetics*, University of Illinois Press, Urbana-Chicago, pp. 29-50.

—— (1990), "Tradición y escritura femenina", en Carmen Berenguer *et al.* (comps.), *Escribir en los bordes*, Cuarto Propio, Santiago de Chile, pp. 85-102.

Menton, Seymour (1990), "Las cuentistas mexicanas en la época feminista, 1970-1988", *Hispania*, vol. 73, núm. 2, pp. 366-370.

Messer-Davidow, Ellen (1989), "The Philosophical Bases of Feminist Literary Criticisms", en Linda Kauffman (ed.), *Gender and Theory: Dialogues on Feminist Criticism*, Basil Blackwell, Oxford.

Meyer, Doris (1990), "'Parenting the Text': Female Creativity and Dialogic Relationships in Isabel Allende's *La casa de los espíritus*", *Hispania*, vol. 73, núm. 2, pp. 360-365.

Millet, Kate (1975), *Política sexual* (1969), Aguilar, México, trad. Ana María Bravo García.

Miller, Nancy (1986a), "Arachnologies: The Woman, the Text and the Critic", en Miller Nancy K. (ed.), *The Poetics of Gender*, Columbia University Press, Nueva York, pp. 270-295 (publicado también en Miller, *Subject to Change*).

—— (1986b), *The Poetics of Gender*, Columbia University Press.

—— (1986c), "Changing the Subject: Authorship, Writing, and the Reader", en Teresa de Lauretis (ed.), *Feminist Studies. Critical Studies*, Indiana University Press, Bloomington (publicado también en Miller, *Subject to Change*).

—— (1988), *Subject to Change. Reading Feminists Writing*, Columbia University Press.

Mills, Sara *et al.* (1989), *Feminist Readings/Feminist Reading*, University Press of Virginia, Charlottesville.

Minich Brewer, Maria (1984), "A Loosening of Tongues: From Narrative Economy to Women Writing", *MLN*, vol. 99, núm. 5, pp. 1141-1161.

Minogue, Sally (ed.) (1990), *Problems for Feminist Criticism*, Routledge, Londres-Nueva York.

Miranda, Julio (1992), "La rebelión de las musas", *Los universitarios*, junio, pp. 12-14.

Mitchell, Juliet (1976), *Psicoanálisis y feminismo. Freud, Reich, Laing y las mujeres*, Anagrama, Barcelona, trad. Horacio González Trejo.

Modleski, Tania (1986), "Feminism and the Power of Interpretation: Some Critical Readings", en Teresa de Lauretis (ed.), *Feminist Studies. Critical Studies*, Indiana University Press, Bloomington, pp. 121-138.

Moers, Ellen (1985), *Literary Women. The Great Writers*, Oxford University Press, Nueva York.

Mohanty T., Chandra (1991), "Under Western Eyes: Feminist Scholarship and Colonial Discourse", en Chandra T. Mohanty, Ann Russo y Lourdes Torres, *Third World Women and the Politics of Feminism*, Indiana University Press, Bloomington-Indianapolis, pp. 51-80.

Moi, Toril (ed.) (1986), *The Kristeva Reader*, Columbia University Press, Nueva York.

—— (1988), *Teoría literaria feminista* (1985), Cátedra, Madrid, trad. Amaia Bárcena.

Morales, Mariano (comp.) (1992), *Por la literatura. Mujeres y escritura en México*, Universidad Autónoma de Puebla, México.

Newton, Judith 1987, "Making —and Remaking— History", en Shari Benstock (ed.), *Feminist Issues in Literary Scholarship*, Indiana University Press, Bloomington-Indianapolis, pp. 124-140.

Nichols, Geraldine C. (1991), "Aquí el que no corre, ni vuela ni entra en el canon", *Mester*, vol. 20, núm. 2, pp. 1-8.

—— (1992), *Des/cifrar la diferencia. Narrativa femenina de la España contemporánea*, Siglo XXI, Madrid.

Nye, Andrea (1987), "Woman Clothed with the Sun: Julia Kristeva and the Escape From/To Language", *Signs*, vol. 12, núm. 4, pp. 664-686.

Offen, Karen (1990), "Feminism and Sexual Difference in Historical Perspective", en Deborah Rhode (ed.), *Theoretical Perspective on Sexual Difference*, Yale University Press, New Haven-Londres, pp.13-20.

Olea, Raquel (1990), "Dos escritoras alemanas. Una propuesta de lectura feminista", en Olga Grau (ed.), *Ver desde la mujer*, Ediciones La Morada-Ed. Cuarto Propio, Santiago de Chile.

Peretti, Cristina de (1989), *Jacques Derrida: texto y deconstrucción*, prólogo de Jacques Derrida, Anthropos, Barcelona.

—— (1990), "Entrevista a Jacques Derrida", Debate feminista, vol. 2, núm. 2, pp. 281-291.

Picado, Manuel (1991), "La literatura femenina", en Marta Lamas y Frida Saal (eds.) *La bella (in)diferencia*, Siglo XXI, México, pp. 153-162.

Prado, Gloria (1991), "Reflexiones sobre hermenéutica literaria y teoría de la recepción desde una perspectiva de mujer", *Casa de las Américas*, vol. 31, núm. 183, pp. 26-30.

Pratt, Annis (1981), *Archetypal Patterns in Women's Fiction*, Indiana University Press, Bloomington.

Rabine, Leslie (1989), "Essentialism and Its Contexts: Saint-Simonian and Post-Structuralist Feminists", *Differences*, núm. 2, pp. 105-123.

Rhode, Deborah (ed.) (1990), *Theoretical Perspectives on Sexual Difference*, Yale University Press, New Haven-Londres.

Rich, Adrienne (1978), *Nacida de mujer: la crisis de la maternidad como institución y como experiencia*, Noguer, Barcelona, trad. Ana Becciu.

—— (1980), "Compulsory heterosexuality and lesbian existence", *Signs*, vol. 5, núm 4, pp. 631-660.

Richard, Nelly (1989), *La estratificación de los márgenes. Sobre arte, cultura y políticas*, Francisco Zegers Editor, Santiago de Chile.

—— (1990), "De la literatura de mujeres a la textualidad femenina", en Carmen Berenguer *et al.* (comps.), *Escribir en los bordes*, Congreso Internacional de Literatura Femenina Latinoamericana 1987, Ed. Cuarto Propio, Santiago de Chile, pp. 39-52.

—— (1993), *Masculino/Femenino: prácticas de la diferencia y cultura democrática*, Francisco Zegers Editor, Santiago de Chile (el capítulo titulado "¿Tiene sexo la escritura?" aparece en *Debate feminista*, núm. 9, pp. 127-139).

Riquer, Florinda (1992), "La identidad femenina en la frontera entre la conciencia y la interacción social", en María Luisa Tarrés, *La voluntad de ser. Mujeres en los noventa*, El Colegio de México, pp. 51-64.

Rojas, Margarita, Flora Ovares y Sonia Mora (1989), *Las poetas del buen amor*, Monte Ávila Editores, Caracas.

Rubin, Gayle (1984), "Thinking Sex: Notes For a Radical Theory of the Politics of Sexuality", en Carole Vance (ed.), *Pleasure and Danger: Exploring Female Sexuality*, Routledge and Kegan Paul, Boston-Londres, pp. 267-319.

—— (1986), "El tráfico de mujeres: notas sobre la 'economía política' del sexo", *Nueva Antropología*, vol. 8, núm. 30, pp. 95-145.

Russ, Joanna (1972), "What Can a Heroine Do? Or Why Women Can't Write?", en Susan Kuppelman Cornillon (ed.), *Images of Women in Fiction*, Bowling Green University Popular Press, Bowling Green, Ohio.

Russo, Mary (1986), "Female Grotesques: Carnival and Theory", en Teresa de Lauretis (ed.), *Feminist Studies/Critical Studies*, Indiana University Press, Bloomington, pp. 213-229.

Russotto, Márgara (1993), *Tópicos de retórica femenina*, Monte Ávila-CELARG, Caracas.

Santí, Enrico Mario (1987), "El sexo de la escritura", en *Escritura y tradición. Texto, crítica y poética en la literatura hispanoamericana*, Barcelona, Laia, pp. 191-195 (reproducido en *Debate feminista*, núm. 9 (1994), pp. 193-198).

Scholes, Robert (1989), "Eperon Strings", en *Differences*, núm. 2, pp. 93-104.

Schor, Naomi (1986), "Introducing Feminism", *Paragraph*, vol. 8, pp. 94-101.

—— (1989), "This Essentialism Which Is Not One: Coming to Grips With Irigaray", *Differences*, núm. 2, pp. 38-58.

Scott, Joan (1990), "El género: una categoría útil para el análisis histórico", en James Amelany y Mary Nash, *Historia y género: las mujeres en la Europa moderna y contemporánea*, Ediciones Alfons el Magnanimo.

Sedgwick, Peter *et al.* (1975), *Laing: antipsiquiatría y contracultura*, Fundamentos, Madrid, trad. Nicolás Caparrós.

Sefchovich, Sara (1985), "Introducción" en *Mujeres en espejo*, vol. 1: *Narradoras latinoamericanas siglo XX*, Folios Ediciones.

Shiach, Morag (1991), *Hélène Cixous. A Politics of Writing*, Routledge, Londres-Nueva York.

Showalter, Elaine (1975), "Literary Criticism", *Signs*, vol. 1, núm 2, pp. 435-460.

—— (1977), *A Literature of Their Own*, Princeton University Press.

—— (1982), "Feminist Criticsm in the Wilderness", en Elizabeth Abel (ed.), *Writing and Sexual Difference*, University of Chicago Press, pp. 9-35.

—— (ed.) (1985a), *The New Feminist Criticism. Essays on Women, Literature, and Theory*, Pantheon Books, Nueva York.

—— (1985b), "Toward a Feminist Poetics" en Showalter (ed.) *The New Feminist Criticism. Essays on Women, Literature, and Theory*, Pantheon Books, Nueva York, pp. 125-143 (apareció anteriormente en Jacobus, Mary (ed.) *Women Writing and Writing About Women*, Barnes and Noble, Nueva York, 1979, pp. 22-41).

—— (1987), "Women's Time, Women's Space. Writing the History of Feminist Criticism", en Shari Benstock (ed.) *Feminist Issues in Literary Scholarship*, Indiana University Press, Bloomington, pp. 31-44.

—— (ed.) (1989a), *Speaking of Gender*, Routledge, Nueva York.

—— (1989b), "Introduction: The Rise of Gender", en Showalter (ed.), *Speaking of Gender*, Routledge, Nueva York.

—— (1990), "Feminism and Literature", en Peter Collier y Helga Geyer-Ryan (eds.), *Literary Theory Today*, Cornell University Press, Ithaca, Nueva York, pp. 179-202.

Smith, Paul (1988), "Feminism", en Paul Smith, *Discerning the Subject*, University of Minnesota Press, Minneapolis, pp. 132-151.

Smith, Valerie (1989), "Gender and Afro-Americanist Literary Theory and Criticism", en Elaine Showalter (ed.), *Speaking of Gender*, Routledge, Nueva York, pp. 56-70.

Spacks, Patricia M. (1980), *La imaginación femenina*, Debate-Pluma, Madrid-Bogotá, trad. Paloma Albarca y Soledad Puértolas.

Sparks, Elisa Kay (1989), "Old Father Nile: T.S. Eliot and Harold Bloom on the Creative Process As Spontaneous Generation", en Temma F. Berg *et al.*, *Engendering the Word*, University of Illinois Press, Urbana-Chicago, pp. 51-80.

Spears, Richard (1989), *NTC's Dictionary of American Slang and Colloquial Expressions*, National Textbook Company, Chicago.

Spelman, Elizabeth (1988), *Inessential Woman. Problems of Exclusion in Feminist Thought*, Beacon Press, Boston.

Spivak, Gayatri (1980), "Translator's Preface", en Jacques Derrida, *Of Grammatology*, Johns Hopkins University Press, Baltimore, trad. Gayatri Chakravorty Spivak, pp. ix-lxxxvii.

—— (1981), "French Feminism in an International Frame", en *Yale French Studies*, vol. 62, pp. 154-184.

—— y Ellen Rooney (1989), "In a Word. Interview", *Differences*, núm. 2, pp. 124-156.

—— (1994), "El desplazamiento y el discurso de la mujer", en *Debate feminista*, núm. 9, pp. 150-182.

Stanton, Domna C. (1980), "Language and Revolution: The Franco-American Dis-connection", en Hester Eisenstein y Alice Jardine (eds.), *The Future of Difference*, G.K. Hall, Boston, pp. 73-87.

—— (1986), "Difference on Trial: A Critique of the Maternal Metaphor in Cixous, Irigaray, and Kristeva", en Nancy Miller (ed.), *The Poetics of Gender*, Columbia University Press, Nueva York, pp. 157-182.

Stefano, Christine di (1990), "Dilemmas of Difference: Feminism, Modernity, and Posmodernism", en Linda Nicholson (ed.), *Feminism/ Posmodernism*, Routledge, Nueva York-Londres, pp. 63-82.

Stimpson, Catherine (1989), "Woolf's Room, Our Project: the Building of Feminist Criticism", en Ralph Cohen (ed.), *The Future of Literary Theory*, Routledge, Nueva York-Londres, pp. 129-143.

Sukenick, Lynn (1974), "Feeling and Reason in Doris Lessing's Fiction", *Contemporary Literature*, vol. 14, núm. 4, pp. 515-535.

Suleiman, Susan (1986), "(Re)writing the Body: the Politics and Poetics of Female Eroticism", en Susan Suleiman (ed.) *The Female Body in Western Culture. Contemporary Perspectives*, Harvard University Press, Cambridge Ma.-Londres, pp. 7-29.

The Hélène Cixous Reader (1994), Susan Sellers (ed.), pref. Hélène Cixous, pról. Jacques Derrida, Routledge, Londres.

Thompson, Martha E. (1981), "Comment on Rich's' Compulsory Heterosexuality and Lesbian Existence'", en *Signs* (Summer), pp. 790-794.

Tierney, Helen (ed.) (1990), *Women's Studies Encyclopedia*, vol 2: *Literature, Arts and Learning*, Greenwood Press, Nueva York.

Tubert, Silvia (1988), *La sexualidad femenina y su construcción imaginaria*, El Arquero, Madrid.

—— (1991), "Psicoanálisis y feminidad", en Marta Lamas y Frida Saal (eds.), *La bella (in)diferencia*, Siglo XXI, México, pp. 135-152.

Vernon, John (1973), *The Garden and the Map. Schizophrenia in Twentieth-Century Literature and Culture*, University of Illinois Press, Urbana-Chicago-Londres.

Williams, Linda (1990), "A Jury of Their Peers: Marlene Gorris's A Question of Silence", en Ann Kaplan (ed.), *Postmodernism and its Discontents*, Verso, Londres-Nueva York, pp. 107-115.

Wittig, Monique (1980), "The Straight Mind", *Feminist Issues*, vol. 1, núm. 1, pp. 103-112.

BIBLIOGRAFÍA 101

Woolf, Virginia (1984), *Un cuarto propio*, Colofón, México, trad. Jorge Luis
    Borges.
Zavala, Iris (1993), "Las formas y funciones de una teoría crítica feminista
    Feminismo dialógico", en *Breve historia feminista de la literatura española
    (en lengua castellana)*, t. 1: *Teoría feminista: discursos y diferencia*, Anthropos-
    Comunidad de Madrid, Madrid, pp. 27-76.

ÍNDICE ANALÍTICO

ÍNDICE DE AUTORES

Glosario de términos de crítica literaria feminista
se terminó de imprimir en marzo de 1997
en los talleres de Corporación Industrial Gráfica, S. A. de C. V.,
Cerro Tres Marías 354, colonia Campestre Churubusco, 04200 México, D. F.
Se tiraron 1 000 ejemplares más sobrantes para reposición.
Tipografía y formación a cargo de Ana María Hernández,
Ángeles Chávez y Patricia Alfaro.
Cuidó la edición el Departamento de Publicaciones
de El Colegio de México.